CB051497

Surendra Verma

IDEIAS GENIAIS
na matemática

Maravilhas, curiosidades, enigmas e soluções brilhantes da mais fascinante das ciências

TRADUÇÃO

Amanda Pavani

2ª edição
2ª reimpressão

G
GUTENBERG

EDITORA
Silvia Tocci Masini

EDITORES ASSISTENTE
Felipe Castilho
Nilce Xavier

ASSISTENTES EDITORIAIS
Andresa Vidal Branco
Carol Christo

REVISÃO TÉCNICA
Airton Carrião
Regina Pinto de Carvalho

REVISÃO
Eduardo Soares

CAPA
Diogo Droschi

PROJETO GRÁFICO DE MIOLO
Conrado Esteves

DIAGRAMAÇÃO
Conrado Esteves

Dados Internacionais de Catalogação na Publicação (CIP)
(Câmara Brasileira do Livro, SP, Brasil)

Verma, Surendra
    Ideias geniais na matemática : maravilhas, curiosidades, enigmas e soluções brilhantes da mais fascinante das ciências / Surendra Verma ; tradução Amanda Pavani. -- 2. ed. ; 2. reimp. -- São Paulo : Editora Gutenberg, 2025.

    Título original: The Little Book of Maths Theorems, Theories & Things
    ISBN 978-85-8235-065-2

    1. Ciência - Matemática - Obras de divulgação 2. Ciência - Obras de divulgação 3. Cientistas - Obras de divulgação 4. Almanaque - Miscelânea I. Título.

13-06244   CDD-510.7

Índice para catálogo sistemático:
1. Ciência : Princípios e teorias 500

A **GUTENBERG** É UMA EDITORA DO **GRUPO AUTÊNTICA**

São Paulo
Av. Paulista, 2.073 . Conjunto Nacional
Horsa I . Salas 404-406 . Bela Vista
01311-940 . São Paulo . SP
Tel.: (55 11) 3034 4468

Belo Horizonte
Rua Carlos Turner, 420
Silveira . 31140-520
Belo Horizonte . MG
Tel.: (55 31) 3465 4500

www.editoragutenberg.com.br
SAC: atendimentoleitor@grupoautentica.com.br

Introdução

Uma pessoa aproximou-se de Ralph P. Boas Jr. (1912-1992), um célebre matemático norte-americano, após uma palestra feita por ele, e disse: "Você faz a matemática parecer divertida". Boas viu-se inspirado a responder: "Se não for divertida, por que trabalhar com ela?".

A matemática é realmente divertida, como este livro comprova. Esta obra apresenta uma coleção única de ideias matemáticas, teorias, teoremas, conjecturas, regras, fatos, equações, fórmulas, paradoxos, falácias e enigmas com explicações curtas, simples e sagazes que não demandam qualquer experiência com matemática. Tudo isso é temperado com anedotas, citações, rimas e poemas, que mostram um lado inusitado e divertido da matemática e das pessoas que acrescentaram, nas palavras de Roger Bacon (1914-1992), "coisas a este mundo que não é possível entender sem o conhecimento da matemática".

Prepare-se para um passeio fascinante pela matemática.

Do infinito à divindade

Em matemática, o infinito é um número.
Ainda que seja o número mais estranho que conhecemos.

Usamos a palavra *infinito* para descrever algo que seja sem fim, sem limites e sem restrições.

O infinito é um conceito desconcertante para a mente, especialmente para nós, que vivemos em um universo fechado e finito, com um número finito de átomos. Alguns cientistas estimam que esse número seja da ordem de 10^{81} (1 seguido de 81 zeros), o que é menos do que um googol (veja na página 137).

O famoso "paradoxo do Grande Hotel", desenvolvido pelo matemático alemão David Hilbert (1862-1943) fornece um vislumbre do mundo estranho do infinito.

O hotel de Hilbert tem um número infinito de quartos alinhados em um corredor infinito e numerados como 1, 2, 3... para sempre. Uma noite, todos os quartos estavam ocupados; ainda assim, a placa de "vagas" continuava acesa. Um novo cliente chega e pede por um quarto. "Sem problemas", diz o esperto proprietário com um sorriso, e em seguida move o hóspede que ocupava o quarto 1 para o quarto 2, o ocupante do quarto 2 para o quarto 3, e assim por diante. Ele, então, pede que o novo cliente use o quarto 1, que se torna vago assim que todos os clientes se acomodam em seus novos quartos.

Na noite seguinte, um ônibus de turistas, com um número infinito de turistas a bordo, chega ao hotel. "Sem problemas", exclama o proprietário. "Apenas esperem um minuto." Com infinita paciência, ele move o hóspede do quarto 1 para o quarto 2, o hóspede do quarto 2 para o quarto 4, o hóspede do quarto 3 para o quarto 6, e assim por diante, deixando todos os quartos de números ímpares livres para o número infinito de novos hóspedes.

O hotel infinito nunca ficará sem quartos livres para um número infinito de ônibus de turistas, cada um cheio de um número infinito de turistas, se eles chegarem ao mesmo tempo. Em um mundo de infinitos, uma parte pode ser igual ao todo.

O astrofísico britânico Arthur Eddington (1882-1944) não era fã do infinito: "Essa estranha quantidade, o 'infinito', é um grande incômodo, e nenhum físico racional teria qualquer coisa a ver com isso. Talvez seja por isso que os matemáticos o representam com um sinal parecido com um laço amoroso".

O que Eddington chama de um laço amoroso é, na verdade, um 8 preguiçoso: os matemáticos o chamam de lemniscata. O símbolo foi introduzido em 1655 por um matemático inglês chamado John Wallis (1616-1703). Ele o usava como uma abreviatura, ainda usada em cálculo, para a expressão "tornando-se grande e positivo".

O jovem dessa rima clássica estava tão envolvido no laço amoroso do infinito que decidiu encontrar a raiz quadrada do infinito para impressionar sua namorada:

Era uma vez um jovem de Trinity
Que resolveu a raiz quadrada de infinito
Ao contar os dígitos,
Ele se inquietou com os símbolos
Deixou a ciência, e assumiu a divindade.

Séculos antes, Zenão também se inquietou com os números infinitos ao descobrir seus famosos paradoxos (veja na página 12). E não se incomodou tentando resolver a raiz de infinito.

Aqui estão algumas estranhas propriedades de infinito (n é um número comum):

- $n + \infty = \infty$
- $n - \infty = -\infty$
- $n \times \infty = \infty$ (se n não for igual a 0; se n for negativo, $n \times \infty = -\infty$)
- $\infty/n = \infty$ (ou $-\infty$, caso n seja negativo)
- $n/\infty = 0$
- $n/0 = \infty$ (caso n não seja negativo ou igual a zero). Na prática, não se trata de uma fração "legal".
- $\infty + \infty = \infty$
- $n \times \infty = -\infty$
- $\infty - \infty$, $0 \times \infty$, e ∞/∞ todos resultam em "respostas indefinidas". Estas operações não são permitidas.

O irmão gêmeo do infinito

Nós nunca compramos zero coisas,
mas ainda assim, o zero é indispensável.

"O problema do zero é que nós não precisamos dele para as operações da nossa vida cotidiana", diz o filósofo e matemático britânico Alfred North Whitehead (1861-1947). "Ninguém sai para comprar zero peixes."

Ainda assim, nossa vida seria diferente sem o zero. Há dois usos para o zero: como um número em si próprio significando "nada", e como um suporte vazio para o nosso sistema de valores numéricos. Por exemplo, o número 500 implica que apenas a coluna das centenas contém qualquer valor, e os dois espaços à direita de 5 estão "vazios".

No quarto século antes de Cristo, os babilônios usavam um suporte em seu sistema numérico sexagesimal (de base 60) para marcar uma unidade ausente. Mas esse suporte não significava "o número zero", e não tinha o significado de "nada", como em "5 – 5 = 0". O zero como o conhecemos hoje apareceu pela primeira vez no ano 458, em um texto de cosmologia hindu, mas evidências indiretas mostram que ele pode estar em uso desde o ano 200 a.C. "Não havia a não existência na época; não havia o abismo do espaço ou o céu acima de nossas cabeças? O que se mexia? Onde?", diz a *Rig Veda,* uma escritura hindu antiga. No século 8, o sistema hindu de valores numéricos, hoje conhecido como o sistema decimal ou de base dez, espalhou-se pelos países árabes. Em 1202, o matemático italiano Leonardo Fibonacci introduziu o conceito do sistema decimal na Europa (veja na página 40).

"O zero é poderoso, porque é o irmão gêmeo do infinito", aponta Charles Seife em seu livro *Zero: a biografia de uma ideia perigosa* (2001), "Eles são iguais e opostos, yin e yang. Eles são igualmente paradoxais". Assim como o infinito (veja na página 7), o zero possui diversas propriedades incomuns:

- O zero é considerado um número par, e é a base da definição de números pares.

- Qualquer número diferente de zero, multiplicado por zero é zero ($n \times 0 = 0$).

- Um número dividido por zero resulta em infinito ($n/0 = \infty$). Portanto, o zero não pode estar no denominador (número de baixo) da fração; não é uma fração "legal".

- O zero pode estar no numerador (o número de cima) de uma fração ($0/n$). Esta fração, que é "legal", é sempre igual a zero. Esta é uma propriedade única do zero, sendo equivalente à afirmação de que qualquer número diferente de zero multiplicado por zero é zero.

- Qualquer número elevado à potência de zero (n^0) é sempre igual a 1; o zero elevado à potência de zero (0^0) é também normalmente considerado como um, exceto em matemática abstrata analítica. Por esse motivo, 0^0 é considerado uma indeterminação matemática.

- Zero dividido por zero ($0/0$) também resulta em uma resposta "indeterminada". Esta operação não é permitida.

- Quando o zero é acrescentado ou subtraído de um número, a resposta é o número original ($n \pm 0 = n$).

Concluímos este capítulo sobre o zero – que agora você sabe ser mais que nada – com um verso do poeta francês Raymond Queneau (1903-1976):

Quando o Um deitou-se
com o Zero
Esferas abraçaram seus arcos
E os números primos prenderam
a respiração...
Courir les rues (1967)

Veja também Números primos (p. 32).

Uma razão incrível

Pi é um dos números mais importantes
e mais frequentes na matemática.

Todos os círculos são semelhantes, e a proporção da circunferência com o diâmetro é sempre o mesmo número. Essa razão é conhecida por pi (π).

Assim como a raiz quadrada de 2 (veja na página 84), o pi é um número irracional. São necessários infinitos dígitos para expressá-lo como um número decimal. É impossível encontrar o valor exato de pi; entretanto, o valor pode ser calculado até um grau muito elevado de precisão.

A história do pi é tão velha quanto a história da matemática. Os babilônios foram os primeiros a encontrar o valor de pi como 3. A passagem do Velho Testamento (1 Reis 7:23) mostra que os hebreus, assim como os babilônios, também aceitavam pi como sendo 3. Por meio de um papiro antigo escrito em 1700 a.C. pelo escriba egípcio Ahmes (veja na página 24), aprendemos que os matemáticos egípcios utilizavam 3,16 como o valor de pi (o valor correto sendo 3,14159...). No século 3 a.C., Arquimedes aproximou o valor para 3,14, e, um século depois, o astrônomo grego Ptolomeu melhorou o valor para 3,1416, uma conquista admirável.

O pi foi introduzido na Europa no século 16. Em 1650, o matemático inglês John Wallis (1616-1703) introduziu a série ilimitada de números para o cálculo do pi. Isso gerou um novo campo maluco na matemática – o cálculo do valor de pi até uma casa decimal ilimitada. O entusiasmo ainda continua, mas o trabalho é feito hoje por computadores. O recorde mais recente de cálculo do valor é de 5 trilhões de casas decimais. Foi conquistado por um supercomputador da Universidade de Tóquio.

O símbolo π foi introduzido pelo matemático suíço Leonhard Euler (veja na página 66). Ele escolheu a primeira letra da palavra grega equivalente a "perímetro" para representar essa proporção incrível.

Veja também A quadratura do círculo (p. 21) e O problema da agulha de Buffon (p. 72).

O movimento é uma ilusão

Os quatro paradoxos de Zenão sobre o movimento tiveram uma influência profunda no desenvolvimento da matemática e da filosofia. Sua validade é ainda debatida, mesmo 2.500 anos após terem sido propostos pela primeira vez.

Sabe-se muito pouco sobre Zenão (490-425 a.C.), que nasceu em Elea, na Basilicata (atual sul da Itália). Tudo o que sabemos dele é por meio de Parmênides (370 a.C.) e de um dos diálogos do filósofo grego Platão (429-347 a.C.). Parmênides foi mestre e amigo de Zenão. Platão menciona que Zenão chegou a escrever quarenta paradoxos; em seu excelente livro *Física* (350 a.C.), Aristóteles descreve os quatro paradoxos de Zenão sobre o movimento, todos aparentemente determinados a provar que o movimento é uma ilusão.

Estes são:

A dicotomia

Não existe movimento porque aquilo que se move deve chegar à metade de seu caminho antes de chegar ao final. Vamos usar um exemplo para explicar este paradoxo: para cobrir a distância de um metro, você primeiro precisa chegar à marca de meio metro, e antes disso à marca de um quarto, e antes disso à marca de um oitavo, e assim sucessivamente para sempre.

Aquiles e a tartaruga

Esse paradoxo, o mais famoso dos paradoxos de Zenão, diz que o mais rápido de dois corredores jamais poderá superar o outro, caso o mais lento possa começar primeiro. Dessa forma, Aquiles, um herói da Guerra de Tróia conhecido como o corredor mais rápido da história, nunca alcançaria uma tartaruga se esta começasse primeiro. Digamos que a tartaruga tem uma vantagem inicial de 100 metros. Quando Aquiles, que é dez vezes mais rápido que a tartaruga, tiver corrido 100 metros, a tartaruga terá corrido outros 10 metros, estando assim à frente por 10 metros. Assim continuaria eternamente. Como Aquiles tem intervalos infinitos para percorrer, ele nunca poderia alcançar a tartaruga.

Zenão ficou tão perplexo com o conceito de infinito (veja na página 7), que ele pensou que o movimento era impossível. Ele supôs que espaço e tempo fossem infinitamente divisíveis; ou seja, a soma de um número infinito de números será sempre infinita. O paradoxo foi resolvido 2.000 anos depois pelo matemático escocês James Gregory (1638-1675), que mostrou que uma soma infinita de números pode resultar em um número finito.

A flecha

Esse paradoxo diz que uma flecha voando está em repouso: em cada momento de seu voo, a flecha ocupa um espaço de seu próprio tamanho, significando que em todos os momentos de seu voo, ela está em repouso. O paradoxo é baseado na suposição de que o tempo é feito de instantes discretos que são indivisíveis. Portanto, não podemos ter uma velocidade em determinado instante (velocidade é a distância percorrida dividida pelo tempo decorrido, mas não há tempo corrido em um instante). A descoberta de Albert Einstein (1879-1955) de que o próprio tempo varia, dependendo da velocidade, levou ao conceito moderno de velocidade instantânea, o que nos permite calcular a velocidade de um objeto viajando em um determinado instante, assim resolvendo o paradoxo.

O estádio

Esse paradoxo envolve duas fileiras de corpos iguais passando um pelo outro em um estádio a velocidades iguais e em direções opostas, uma fileira começando do final do estádio e a outra do meio. O paradoxo supõe que um corpo leva igual intervalo de tempo para passar com igual velocidade por um corpo em movimento e por outro de igual tamanho em repouso, mas isso não é verdade.

Veja também O paradoxo dos nove quartos (p. 96).

Axiomas, provas e teoremas

A geometria descrita por Euclides em seu
livro *Elementos*, baseada em cinco axiomas,
é chamada de geometria euclidiana.

Sabe-se pouco sobre a vida de Euclides. Ele viveu por volta de 300 a.C. e lecionou na Grande Biblioteca de Alexandria, no Egito, a impressionante biblioteca da Antiguidade, com mais de 400 mil volumes.

De acordo com uma história, quando um aluno perguntou inocentemente qual lucro ele tiraria do estudo da geometria, Euclides ordenou que um escravo lhe desse uma moeda para que ele pudesse lucrar estudando geometria.

Hoje em dia, Euclides é lembrado principalmente por *Elementos*, um livro que apresenta um sistema completo de geometria básica; esse livro influenciou matemáticos e cientistas por quase 2.000 anos.

Até mesmo Isaac Newton (1642-1727), em seu majestoso *Philosophiae Naturalis Principia Mathematica*, expressou suas ideias na linguagem da geometria euclidiana. Quando Newton, que emprestara a um amigo uma cópia de *Elementos*, perguntou sobre o progresso que o amigo teria feito e se estaria gostando do livro, este quis saber qual utilidade ou benefício que aquele estudo traria para sua vida. "O que acabou deixando Sir Isaac muito feliz", como conta um escritor contemporâneo sobre a reação de Newton. Mas não; diferentemente de Euclides, Newton não pediu que um empregado lhe desse uma moeda.

Axiomas são verdades absolutas por si só que não necessitam de provas. Cinco axiomas ou postulados formam a base da geometria euclidiana:

1. Uma linha reta pode ser traçada entre quaisquer dois pontos.
2. Uma linha reta pode se estender indefinidamente.
3. Um círculo pode ser desenhado sendo dados qualquer centro e qualquer valor para o raio.

4. Todos os ângulos retos são iguais.

5. Se duas linhas forem desenhadas cruzando uma terceira de tal forma que a soma dos ângulos internos em um lado seja menor que dois ângulos retos, as duas linhas devem inevitavelmente se encontrar; ou seja, elas não podem ser paralelas entre si. (Este postulado é complicado, e o próprio Euclides relutou em usá-lo.)

Uma prova é uma série de afirmações nas quais cada afirmação é derivada de outra previamente provada ou de um axioma. A afirmação final é chamada de teorema. Uma prova vem de suposições e conclusões, ou de axiomas e teoremas. Às vezes o CQD (abreviação em português de "como queria demonstrar", que vem do latim *quod erat demonstrandum*) é escrito para denotar o final da prova.

Vamos provar o teorema: "em um triângulo isósceles, os ângulos da base são iguais", usando a geometria euclidiana ("isósceles" significa que o triângulo tem dois lados de mesmo comprimento).

ABC é um triângulo isósceles, no qual AB=AC.

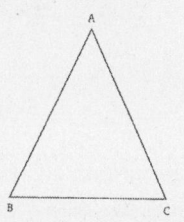

Vamos imaginar o triângulo como dois triângulos: os triângulos ABC e ACB.

Se AB=AC e AC=AB, então os dois lados BA e AC são iguais aos dois lados CA e AB respectivamente, e $\angle BAC=\angle CAB$, porque trata-se do mesmo ângulo.

$\angle ABC$ (o lado oposto sendo AC) = $\angle ACB$ (oposto ao lado idêntico, AB).

Portanto, ângulos opostos aos lados iguais são iguais também.

Portanto, em um triângulo isósceles, os ângulos da base são iguais.

CQD.

Veja também Geometria analítica (p. 45).

Mais inteligente que um burro

Um ângulo inscrito em um
círculo é um ângulo reto.

Tales (624 a.C.-545 a.C.), um dos conhecidos "Sete Homens Sábios" da Antiguidade, é considerado o fundador da Ciência, da Matemática e da Filosofia gregas.

Suas ideias científicas são derivadas de fatos observados. Ele ofereceu explicações racionais, em vez de sobrenaturais. Na matemática, acredita-se que ele foi o primeiro a provar que um ângulo inscrito em um círculo é um ângulo reto. Não há registros da prova, mas uma prova aparece em *Elementos*, de Euclides (veja página 14), que funciona mais ou menos assim:

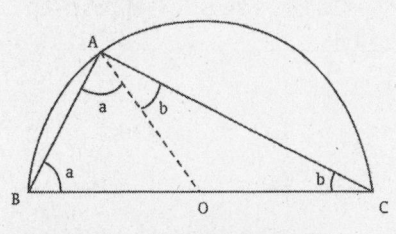

Desenhe um semicírculo de centro O e diâmetro BC e escolha qualquer ponto A no semicírculo.

Temos que provar que ∠BAC é um ângulo reto. Desenhe a linha OA. No triângulo AOB, OB e OA possuem o mesmo comprimento, já que ambos são raios do mesmo círculo. Assim, o triângulo AOB é isósceles, e em triângulos isósceles os ângulos da base são iguais (veja na página 15; Tales também foi o primeiro a provar este resultado). Portanto, ∠ABO = ∠BAO.

De forma semelhante, no triângulo AOC, OA e OC possuem o mesmo comprimento (raios do mesmo círculo) e dessa forma, ∠OAC = ∠OCA.

Do triângulo maior BAC, vemos que ∠ABC + ∠ACB + ∠BAC = 2 ângulos retos (novamente, Tales foi o primeiro a provar que a soma dos ângulos de um triângulo resulta em dois ângulos retos). Ou,

2 ângulos retos
= ∠ABC + ∠ACB + ∠BAC
= $a + b + (a + b)$

$$= 2a + 2b$$
$$= 2(a + b)$$

1 ângulo reto

$$= \frac{1}{2} \text{ [2 ângulos retos]}$$
$$= \frac{1}{2} \text{ [2(a + b)]}$$
$$= a+b$$
$$= \angle BAC$$

CQD

Tales também previu com precisão o eclipse solar de 585 a.C.; e enquanto viajava pelo Egito ele maravilhou os egípcios ao medir a altura de uma pirâmide por meio de sua sombra.

Seu interesse em astronomia é ilustrado nesta história famosa: uma noite, ele estava observando o céu enquanto caminhava, quando caiu em um buraco. Uma garota o ajudou a sair e comentou, com sarcasmo: "Eis um homem que quer estudar estrelas, mas não consegue ver o que está abaixo dos pés".

De acordo com outra história famosa, o burro de um fazendeiro costumava carregar sacos pesados de sal até o mercado. Um dia, o burro caiu em um córrego, dissolvendo parte do sal e deixando o fardo muito mais leve. O burro esperto aprendeu o truque e passou a rolar sempre que passava pelo córrego. O fazendeiro procurou a ajuda de Tales, que disse a ele para carregar o burro de esponjas na próxima caminhada até o mercado.

Um passeio em piso quadriculado

O teorema de Pitágoras é o mais
famoso teorema da história.

Diz a lenda que foi o matemático grego Pitágoras (570 a.C.-497 a.C.) quem descobriu a relação entre os lados de um triângulo retângulo – o quadrado da hipotenusa é a soma dos quadrados dos catetos – quando estava andando sobre um piso quadriculado de um templo no Egito.

O piso do templo tinha quadrados coloridos alternados. As sombras dos pilares caíam de forma oblíqua sobre os quadrados. A sombra e os quadrados sugeriam diferentes padrões de formas geométricas. O interesse de Pitágoras em geometria o levou a estudar esses padrões de vários ângulos, levando-o em seguida à descoberta da prova do teorema que agora leva seu nome.

O teorema tem diversas aplicações práticas. É indispensável para que agrimensores encontrem alturas, distâncias e áreas. Cerca de 367 provas do teorema foram

encontradas desde a época de Pitágoras. Uma das provas mais famosas foi dada por Euclides (veja na página 14) e você provavelmente já a viu na aula de geometria. A prova a seguir é uma das mais complicadas:

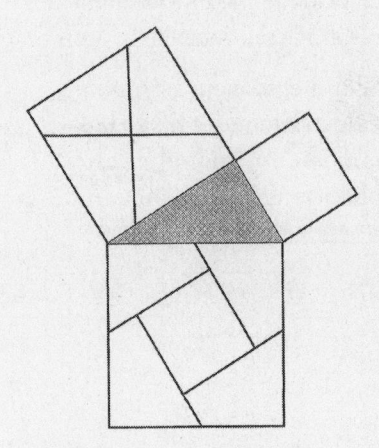

Nesta figura, um quadrado foi repartido em quatro partes. Estas quatro partes e o quadrado menor podem se encaixar no quadrado maior, provando o famoso teorema. Se quiser tentar você mesmo, continue lendo: em um pedaço de papel, desenhe quadrados nos lados de um triângulo retângulo (como mostrado no diagrama da página 18). Marque o centro do quadrado superior. Passe duas linhas pelo centro, em ângulos retos uma com a outra e com uma linha paralela à hipotenusa do triângulo. Corte as quatro partes e o quadrado menor. Agora tente encaixar essas cinco peças no quadrado maior. É complexo, se você não souber, a resposta está dada no diagrama.

Esta prova foi descoberta em 1830 por Henry Perigal (1801-1898), um corretor de ações londrino e matemático amador. Ele ficou tão satisfeito com sua descoberta que imprimiu o diagrama na tiragem seguinte de seus cartões de visita.

O diagrama, levemente apagado, pode ser visto em sua lápide no cemitério da igreja da pacata cidadezinha de Wennington, em Essex, perto de Londres.

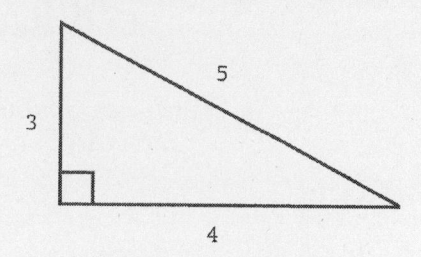

Eles talvez não saibam, mas os pedreiros e jardineiros usam o teorema de Pitágoras todos os dias, quando medem um triângulo 3-4-5 para fazer um canto com ângulo reto.

De acordo com o teorema de Pitágoras,

$$3^2 + 4^2 = 5^2$$
$$9 + 16 = 25$$

E assim o ângulo fica sendo exatamente reto.

O oráculo fala

Duplicar o cubo é um problema
clássico da Antiguidade.

O problema aparece em uma lenda grega que conta que em 428 a.C. os atenienses sofriam com uma praga, e assim buscaram conselhos no Oráculo de Delos para eliminar o martírio.

Na Grécia Antiga, o Oráculo de Delos era considerado o segundo melhor, apenas superado pelo famoso Oráculo de Delfos. O oráculo aconselhou-os a dobrar o tamanho do altar cúbico dedicado ao deus Apolo. Os atenienses obedientemente dobraram as dimensões lineares – comprimento, altura e profundidade – do altar. Mas os deuses não apreciaram o gesto, e a doença continuou a dizimar os atenienses. O oráculo, na verdade, aconselhara a dobrar o volume do cubo; os atenienses, entretanto, haviam aumentado o volume total oito vezes. Esta é a origem do problema de construir um cubo que tenha o dobro do volume de outro cubo.

Vamos considerar um cubo com o comprimento dos lados a. Seu volume é a^3. Para duplicar este cubo, teremos que construir um cubo cujo volume seja $2a^3$, ou seja, o comprimento de seus lados deverá ser a raiz cúbica de $2a^3$. É impossível construir um cubo dessas dimensões com régua e compasso, e os antigos gregos falharam em encontrar uma solução para o problema, que precisou esperar até o século 19 para ter sua solução.

Há um problema de construção semelhante na Antiguidade: tripartir um ângulo. Novamente, esse problema não pode ser resolvido com régua e compasso. O terceiro problema parecido é a quadratura do círculo (veja na página 21). Na literatura matemática, esse "trio impossível" é conhecido como o conjunto dos três problemas clássicos da Antiguidade.

Impossível!

Encontrar a quadratura do círculo é um dos principais problemas da geometria clássica.

O pi (veja na página 11) é um número irracional. Isso significa que ele não pode ser expresso como fração ou como um número decimal finito, ou mesmo como uma dízima periódica infinita.

Os antigos gregos não estavam cientes do fato. Quase todo grande matemático da época tentou, em vão, resolver um problema que era, de fato, impossível.

O problema é encontrar a quadratura do círculo, isto é, desenhar um quadrado que tenha exatamente a mesma área de um círculo. A busca pela solução persistiu até o século 18. A Academia de Paris recebeu tantas provas errôneas que em 1775 resolveu que não examinaria mais nenhuma prova. O problema foi finalmente "resolvido" em 1882, quando o matemático alemão Ferdinand von Lindemann (1852-1939) provou de forma impecável que é impossível quadrar o círculo.

Arquimedes (287 a.C.-212 a.C.), o grande cientista, matemático e gênio mecânico da Antiguidade, foi o primeiro a demonstrar que o problema era equivalente a encontrar a área de um triângulo retângulo cujos catetos fossem iguais, respectivamente, ao perímetro do círculo e ao raio do círculo. A metade da proporção entre essas duas linhas é igual a pi.

Veja também Duplicando o cubo (p. 20) e O palimpsesto de Arquimedes (p. 22).

Eureka!

O trabalho de Arquimedes foi encontrado escondido em um livro medieval de orações. Conhecido como o palimpsesto de Arquimedes, seus segredos estão agora revelados.

A história do palimpsesto de Arquimedes começa por volta de 1229, em um monastério de Constantinopla.

Quando um padre ortodoxo chamado Ioannes Myronas ficou sem pergaminho, especialmente preparado a partir de pele animal, para o livro de orações que estava copiando, ele usou as páginas de cinco antigos manuscritos. Ele esfregou as páginas com ácido e pedra-pomes, cortou-as pela metade, girou-as em 90°, dobrou-as e escreveu suas preces formando ângulos retos com a escrita anterior. Um manuscrito reciclado de tal forma é chamado de palimpsesto (do grego *palimpsestos*, que significa "esfregado até ficar liso novamente").

O livro de orações, quase intacto, acabou indo parar na Igreja do Santo Sepulcro em Istambul, onde chamou a atenção de Johan Ludvig Heilberg, um filólogo e professor de história da matemática da Universidade de Copenhagen, em 1906. Ao observar com uma lupa, ele pôde ver alguns símbolos matemáticos sob as orações gravadas por Myronas. Ele fotografou as páginas para examiná-las posteriormente, e ficou chocado ao descobrir que elas continham alguns dos livros de Arquimedes, nunca vistos antes. Alguns meses depois, o manuscrito desapareceu, até reaparecer em um dos leilões da Christie House, em Nova York, no ano de 1998. Um cliente anônimo pagou dois milhões de dólares pelo manuscrito. O novo proprietário, conhecido apenas como "Sr. B", depositou o manuscrito no Walters Art Museum, em Baltimore, no estado americano de Maryland, alguns meses depois.

Por meio do uso de tecnologias de imagem avançadas, cientistas agora possuem uma melhor visão do texto oculto, que inclui as únicas cópias conhecidas de *O método dos teoremas mecânicos, Sobre corpos flutuantes* e fragmentos de *O stomachion* (um enigma parecido com o tangram, veja na página 129). Os curadores do museu descreveram suas descobertas como sendo o "cérebro de Arquimedes em pergaminho". Os pergaminhos decifrados até hoje revelam que ele compreendia o infinito (veja na página 7), e mesmo conseguia fazer operações com ele. Também mostram como ele desenvolveu suas provas e seus teoremas, e sugerem que ele descobriu a análise combinatória, uma técnica importantíssima para a computação de hoje.

Hoje, Arquimedes é principalmente lembrado pela história em que ele corre nu pelas ruas gritando: "Eureka! Eureka!". O rei Herão de Siracusa, suspeitando que seu joalheiro havia adulterado sua nova coroa de ouro com prata, pediu que Arquimedes descobrisse a verdade sem danificar a coroa. Arquimedes descobriu que a coroa fora adulterada, juntamente com seu famoso princípio científico, enquanto tomava banho de banheira. Ele percebeu que, ao entrar em uma banheira cheia de água, o nível de água subia quando ele entrava.

A história da trágica morte de Arquimedes é menos conhecida. Quando o general romano Marcellus conquistou Siracusa, uma cidade grega na Sicília, ele deu ordens rígidas para que nenhum mal fosse feito a Arquimedes. Contudo, essas ordens nunca chegaram ao destacamento de soldados romanos que o encontraram em seu quintal desenhando algumas figuras geométricas complexas na areia. Ao ver os soldados, Arquimedes gritou: "Não toquem nos meus desenhos!". Um dos soldados atravessou uma lança no corpo do grande pensador, quando este poderia bem estar ruminando qualquer coisa a respeito do futuro da humanidade.

Os romanos o enterraram com honras e marcaram sua lápide com uma esfera inscrita em um cilindro. Ele pedira que, após sua morte, seu túmulo fosse marcado com um desenho, com uma inscrição mostrando que o volume da esfera é exatamente dois terços do volume do cilindro circunscrito.

Veja também A quadratura do círculo (p. 21).

Do tempo dos faraós

O Papiro de Rhind é um dos documentos
matemáticos mais antigos de que se tem notícia.

O Papiro de Rhind é um rolo de pergaminho de cerca de 5 metros de comprimento e 33 centímetros de largura. Foi encontrado em um túmulo antigo em Tebas, no Egito, e foi comprado em 1858 por um antiquário escocês chamado Alexander Henry Rhind (1833-1863).

O papiro, que se encontra no Museu Britânico desde 1864, é um dos dois documentos matemáticos mais antigos existentes; o outro está em Moscou. Conhecido como o Papiro de Moscou, (ou Papiro Golenischev, nome de seu antigo proprietário), ele tem o mesmo comprimento do Papiro de Rhind, porém tendo apenas cerca de 7,5 cm de largura. Ainda que seja mais antigo do que o Papiro de Rhind, ele é uma coleção de 25 problemas matemáticos egípcios. O Papiro de Rhind é um manual de matemática, e sua principal fonte vem dos matemáticos egípcios.

O papiro foi compilado em cerca de 1700 a.C. por um escriba chamado Ahmes. O modesto escriba introduz seu texto dizendo que o copiou de um documento mais antigo do tempo de Amenemhet III (que reinou de 1842-1797 a.C.). Feito em escrita hierática (uma forma simplificada e abreviada dos hieróglifos), ele contém 85 problemas que abordam o uso de frações, a solução de equações simples e progressões, além do cálculo de áreas e volumes.

O papiro tem cinco problemas sobre pirâmides. O de número 56 diz: "Se uma pirâmide tem 250 *cubit* de altura e a extensão da base é de 360 *cubit*, qual é sua aresta?". A aresta da pirâmide é a inclinação entre qualquer uma das faces e o plano horizontal da base. Em outras palavras, é o ângulo de inclinação da face de uma pirâmide, seu arco tangente. A resposta de Ahmes corresponde a um ângulo de 54°15' entre a base e a face.

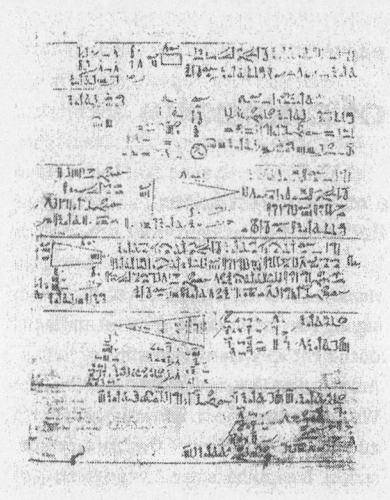

Uma pequena parte do Papiro de Rhind

Em *The World of Mathematics* (1956), o editor James R. Newman descreve um problema do Papiro de Rhind que costuma ser interpretado da seguinte forma: "Em 7 casas há 7 gatos cada; cada gato mata 7 ratos; cada rato teria comido 7 ramos de espelta; cada ramo de espelta teria produzido 7 hekats* de grão. Pergunta: Quanto de grão é preservado pelos 7 gatos?".

Ele mostra a similaridade entre este enigma egípcio e a rima da Mamãe Ganso, do século 18:

Quando fui para St. Yves
Conheci um homem com sete esposas.
Cada esposa com sete sacos,
Cada saco com sete gatos,
Cada gato com sete potes.
Potes, gatos, sacos e esposas,
Quantos iam para St. Yves?

Ainda sofrendo com o problema? O homem chocado abaixo quer te dizer que a resposta está onde ele começou a contar até um milhão. A resposta correta pode ser encontrada na página 165.

1.000.000 em hieróglifos egípcios antigos

---

* Hekat é uma medida do Antigo Egito que corresponde a cerca de 4,8 litros. (N.T.)

"Que nenhuma pessoa que desconheça geometria adentre este lugar"

Os sólidos platônicos são cinco poliedros regulares descritos primeiramente pelo matemático e filósofo grego.

Um poliedro é um sólido cujas faces têm a forma de polígonos.

Em um poliedro regular, todas as faces são idênticas. Há tipos infinitos de poliedros possíveis, mas há apenas cinco poliedros regulares convexos (existem também quatro poliedros regulares não convexos, os poliedros de Kepler-Poinsot). Estes são, da esquerda para a direita no diagrama abaixo, o tetraedro (uma pirâmide com faces triangulares), o cubo, o octaedro (um sólido de 8 lados com faces triangulares), o dodecaedro (uma figura de 12 lados com faces pentagonais) e o icosaedro (uma figura de 20 lados com faces triangulares).

Esses cinco sólidos foram descritos pela primeira vez pelo filósofo grego Platão, em seu livro *Timaeus* (360 a.C.). Ele também demonstrou como eles podiam ser construídos com a colocação de triângulos, quadrados e pentágonos para formar as faces.

Os antigos gregos acreditavam em quatro "elementos" – terra, ar, fogo e água – a partir dos quais o mundo todo teria sido criado. Platão associou o cubo com a terra, o octaedro com o ar, o tetraedro com o fogo e o icosaedro com a água; e usou o dodecaedro para o universo por completo. Platão acreditava muito na geometria, e as palavras "que nenhuma pessoa que desconheça geometria adentre este lugar" foram inscritas sobre a porta de sua Academia em Atenas.

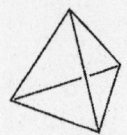 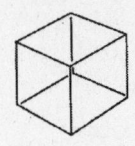 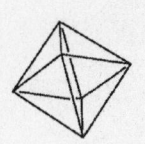 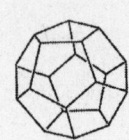 

As curvas em nossas vidas

Círculos, elipses, parábolas e hipérboles podem ser criadas ao seccionar um cone por planos.

O matemático grego Apolônio de Perga (260 a.C.-120 a.C.), conhecido como o Grande Geômetra, descreveu as secções cônicas em seu livro As *cônicas*. Ele também criou os termos elipse, parábola e hipérbole. *As cônicas,* escrito na linguagem formal da geometria euclidiana (veja na página 14), tinha originalmente oito livros, mas apenas os quatro primeiros sobreviveram até os dias atuais.

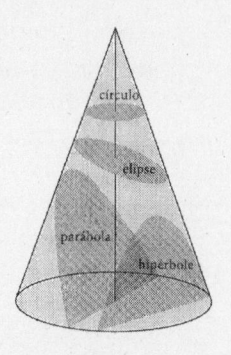

O círculo possui apenas um centro e um raio constante, e é por isso que todos os círculos têm "a mesma forma". A elipse não tem raio ou centro como o círculo, e sim dois eixos perpendiculares e dois pontos chamados de *focos*. Matematicamente, uma parábola é o conjunto de todos os pontos equidistantes de um ponto e de uma linha. O ponto é chamado de *foco* e a linha de *diretriz*. A hipérbole é uma curva infinita.

Perturbações circulares se formam quando uma pedra é derrubada em um lago, ou quando ondas de luz sofrem difração ao passar por um orifício pequeno. A elipse, a parábola e a hipérbole ocorrem todas na natureza. As órbitas dos planetas são elípticas. Quando você joga uma bola no ar, sua trajetória é uma parábola. Quando duas pedras são jogadas em uma piscina cheia de água, os círculos concêntricos das perturbações se intersectam em hipérboles.

Veja também O teorema do círculo de Descartes.(p. 46).

A régua do céu

A trigonometria, em seu nível mais simples,
é o estudo de como os lados e os ângulos de um
triângulo se relacionam uns com os outros.

O astrônomo grego Hiparco (190 a.C.-120 a.C.), hoje conhecido como "o pai da trigonometria", foi o maior observador de estrelas da Antiguidade. Pela primeira vez na astronomia grega, ele aplicou medidas para o céu. Ele usou instrumentos circulares divididos em graus e com encaixe para aparelhos de observação simples.

De seu observatório na ilha de Rhodes, ele preparou uma lista de 1.080 estrelas, arranjou-as em 48 constelações e as classificou de acordo com seu brilho. Dessa forma, ele criou o primeiro catálogo de estrelas de que se tem notícia. Os antigos gregos acreditavam que as estrelas estavam fixas em uma esfera gigantesca e apenas os planetas se moviam nessa esfera. Portanto, para compreender as posições na esfera, eles usavam geometria esférica, a geometria bidimensional de uma superfície esférica. Hiparco foi o primeiro

a desenvolver uma tabela trigonométrica dos raios para tais figuras bidimensionais.

Hiparco não inventou a palavra "trigonometria". Entretanto, ela vem das palavras gregas *trigonon* e *metria*, que significam "triângulo" e "medidor", respectivamente. Ela foi introduzida em 1595 pelo astrônomo e matemático alemão Bartholomaeus Pitiscus (1561-1613).

Agora vejamos alguns conceitos básicos de trigonometria: no triângulo retângulo abaixo, h é a hipotenusa, a é o lado adjacente ao ângulo Θ (a letra *theta* do alfabeto grego) e b o lado oposto.

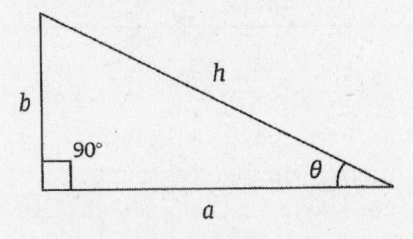

Há seis funções básicas que são usadas para interpretar a medida de ângulos e lados:

$$sen\ \Theta = b/h$$

$$cos\ \Theta = a/h$$

$$tg\ \Theta = sen\ \Theta/cos\ \Theta = b/a$$

$$cossec\ \Theta = 1/sen\ \Theta = h/b$$

$$sec\ \Theta = 1/cos\ \Theta = h/a$$

$$cotg\ \Theta = 1/tg\ \Theta = a/b$$

Os nomes completos dessas funções são seno (sen), cosseno (cos), tangente (tg), cossecante (cossec), secante (sec) e cotangente (cotg).

Equipado com esse conhecimento de trigonometria, você agora deve ser capaz de resolver o problema proposto pelo romancista francês Gustave Flaubert (1821-1880), famoso autor de *Madame Bovary* (1857):

Agora que você está estudando geometria e trigonometria, vou lhe passar um problema. Um navio navega no oceano. Ele saiu de Boston com um carregamento de lã. Seu peso bruto é de 200 toneladas, e vai em direção a Le Havre. O mastro principal está quebrado, o servente da cabine está a bordo com outros 12 passageiros, o vento sopra na direção leste-norte-leste, o relógio mostra que são três e quinze da tarde. Estamos no mês de maio. Qual a idade do capitão?

de uma carta escrita para sua irmã Carolyn em 1843.

Não vá se esforçar demais!

Uma série de passos

Um algoritmo é um procedimento passo a passo para fazer uma tarefa específica.

O eminente matemático grego Euclides (veja na página 14) nos deu um dos primeiros algoritmos quando resolveu o problema do máximo divisor comum (MDC) de dois números inteiros, ou seja, o maior número que divide ambos os números sem resto.

O algoritmo de Euclides (na notação moderna): se a e $b > 0$, e r é o resto depois de dividir a por b, então MDC (a, b) = MDC (b, r). O uso repetido deste algoritmo resulta em dois números menores para os quais encontrar o MDC é bem mais fácil. Por exemplo, para encontrar o MDC dos números 206 (ou seja, a) e 40 (ou seja, b), o primeiro passo é dividir 206 por 40 e anotar o resto (6):

MDC (206, 40) = MDC (40, 6)

Então divida 40 por 6, para encontrar o novo resto, 4:

MDC (40, 6) = MDC (6, 4) e assim por diante:

MDC (6, 4) = MDC (4, 2)

MDC (4, 2) = MDC (2, 0)

Portanto, o MDC de 206 e 40 = 2.

Assim como Euclides, o matemático árabe do século 9 Muhammad ibn Musa al-Khwarizni (que nos presenteou com a palavra "álgebra", veja na página 50) também acreditava que qualquer problema pode ser dividido em partes menores a serem resolvidas individualmente. Quando seus trabalhos matemáticos se tornaram conhecidos por matemáticos europeus, seu nome latinizado, *algorismus*, tornou-se um sinônimo da arte de calcular passo a passo, tornando-se também "algoritmo" em português.

Algoritmos são usados extensivamente em

programação de computadores; por exemplo, para descobrir quantos alunos em uma sala têm mais de 15 anos, você pode escrever este algoritmo simples:

- Para todos os alunos na base de dados: se idade > 15 acrescentar um ao contador. Imprimir contador.

Em 1937, o matemático britânico Alan Turing forneceu uma definição matemática precisa para o algoritmo (veja na página 116).

A infinidade de primos

Os números primos são a chave para códigos de criptografia, que mantêm o comércio eletrônico seguro.

Os números primos são números inteiros positivos (exceto 1) que são divisíveis apenas por si próprios e por 1. A lista começa com 2 e continua indefinidamente:

2, 3, 5, 7, 11, 13, 17, 19, 23, 29, 31, 37, 41, 43, 47, 53, 59, 61, 67, 71, 73, 79, 83, 89, 97, 101, 103, 107, 109, 113, 127, 131, 137, 139, 149, 151, 157, 163, 167, 173, 179, 181, 191, 193, 197, 199, 211...

Por meio de computadores, os matemáticos de hoje já descobriram os primeiros 1,5 bilhão de números primos. A lista não segue nenhum padrão regular; os números parecem ser distribuídos aleatoriamente. A lista também mostra que 2 é o único número par e primo.

Em seu livro *Elementos*, Euclides (veja na página 14) prova que há infinitos números primos.

A prova é um clássico da matemática – um modelo soberbo de raciocínio. Na notação moderna, a prova segue a seguinte linha: Euclides começa com um conjunto finito de números primos, digamos *A, B, C... N*. Imaginemos um novo número primo *P* que seja diferente de todos esses, $P = A \times B \times C...N + 1$. Claramente, *P* sendo uma unidade maior que o produto de todos os números primos da lista inicial, não é igual a nenhum deles. Se *A, B, C...N* são todos os números primos, *P* não pode ser um número primo. Portanto, ele deve ser divisível por pelo menos um dos vários números primos finitos, por exemplo, *N*. Mas quando dividimos *P* por *N*, temos o resto, 1. Trata-se de uma contradição, o que significa que nossa hipótese inicial de que existe uma quantidade finita de números primos deve ser falsa. Portanto, existem infinitos números primos.

Veja também O crivo de Eratóstenes (p. 33) e Os primos de Mersenne (p. 34).

Encontrando os primos

O crivo de Eratóstenes é um método simples
e antigo de encontrar números primos.

Eratóstenes (276 a.C.-194 a.C.) foi o primeiro a medir a circunferência da Terra. Nós nos lembramos dele não apenas por essa conquista impressionante, mas também por seu "crivo".

Um estudioso versátil – astrônomo, matemático, geógrafo, historiador, crítico literário e poeta – ele nasceu em Cyrene – hoje chamada de Shahhat, Líbia. Recebeu o cargo de chefe da Grande Biblioteca de Alexandria em 236 a.C. Ficou cego em 195 a.C. e morreu no ano seguinte em razão de uma greve de fome voluntária.

Para encontrar números primos, digamos, menores do que 100, pelo método de Eratóstenes, faça uma lista de todos os números. Primeiramente, risque o 1, porque ele não é um número primo. Circule 2 e então risque todos os múltiplos de 2. Circule 3 e então risque todos os múltiplos de 3. Continue o processo até que todos os números tenham sido circulados ou riscados.Os números que você circulou são primos.

1	2	3	4	5	6	7	8	9	10
11	12	13	14	15	16	17	18	19	20
21	22	23	24	25	26	27	28	29	30
31	32	33	34	35	36	37	38	39	40
41	42	43	44	45	46	47	48	49	50
51	52	53	54	55	56	57	58	59	60
61	62	63	64	65	66	67	68	69	70
71	72	73	74	75	76	77	78	79	80
81	82	83	84	85	86	87	88	89	90
91	92	93	94	95	96	97	98	99	100

Veja também Números primos (p. 32).

O presente de um monge

Até agora, os matemáticos descobriram apenas
quarenta e quatro números primos de Mersenne.

A busca por números primos tem fascinado matemáticos desde que Euclides mostrou que o número de primos é infinito (veja na página 32).

Em seu livro *Elementos*, Euclides propôs um teorema incrível o qual, em notação moderna, diz: se $2^n - 1$ é primo para $n > 1$, então $P_n = 2^{n-1}(2^n - 1)$ é um número perfeito (veja na página 35). Os matemáticos logo descobriram que $2^n - 1$ apenas poderia ser primo para valores nos quais n fosse primo também.

Em 1644, Marin Mersenne (1588-1648), um monge francês, deu vida nova à formula quando disse em seu livro *Cogitata Physica-Matematica* que havia encontrado os valores de n que poderiam gerar um número primo. Ele acreditava que estes números especiais eram

2, 3, 5, 7, 13, 17, 19, 31, 67, 127 e 257. Posteriormente, outros matemáticos encontraram vários erros nesta lista, que em sua forma correta é: 2, 3, 5, 7, 13, 19, 31, 61, 89, 107 e 127. Hoje, números da forma $2^n - 1$ são conhecidos como números de Mersenne, e aqueles que resultam em números primos são chamados de primos de Mersenne.

O 44º primo, descoberto em 2006, é um número extremamente grande, com 9.808.358 dígitos. A busca por outros primos de Mersenne continua. O projeto Grande Busca de Primos de Mersenne na Internet (GIMPS, da sigla em inglês, disponível em www.mersenne.org) lidera essa pesquisa. O projeto encontrou os últimos dez primos de Mersenne.

"O seis é um número perfeito por si só"

Um número perfeito é um número inteiro positivo que é igual à soma de seus divisores, não incluindo o próprio número.

Os quatro números perfeitos abaixo são conhecidos desde os tempos antigos e eram também conhecidos por pitagóricos que acreditavam que os números regiam o universo (veja na página 142):

$6 = 1 + 2 + 3$

$28 = 1 + 2 + 4 + 7 + 14$

$496 = 1 + 2 + 4 + 8 + 16 + 31 + 62 + 124 + 248$

$8128 = 1 + 2 + 4 + 8 + 16 + 32 + 64 + 127 + 254 + 508 + 1016 + 2032 + 4064$

Os números 6 e 28 são conhecidos desde os tempos bíblicos, e acreditava-se que eles refletiam a estrutura do universo: o mundo foi criado em seis dias, e a lua orbita a terra a cada 28 dias. Santo Agostinho (354-430) escreve em seu famoso livro *A cidade de Deus*: "O seis é um número perfeito por si só, não porque Deus criou todas as coisas em seis dias, e sim ao contrário: Deus criou todas as coisas em seis dias porque o número é perfeito. E ele continuaria perfeito mesmo se o trabalho dos seis dias não existisse".

Euclides (veja na página 34) mostrou que $2^{n-1}(2^n - 1)$ é um número perfeito sempre que $(2^n - 1)$ for um número primo. Euler (veja na página 66) provou que a fórmula de Euclides inclui todos os números perfeitos pares. Ainda não sabemos se existem números perfeitos ímpares.

Veja também Os primos de Mersenne (p. 34).

A garota-propaganda

Hipátia foi a primeira mulher
notável da matemática.

Hipátia (370-415) foi a filha de Theon de Alexandria, um matemático e astrônomo da Grande Biblioteca de Alexandria, no Egito.

Em 400, ela se tornou a chefe da escola neoplatônica de filosofia de Alexandria. Ela também foi uma excelente matemática e inventora. Apenas os títulos de seus trabalhos matemáticos sobreviveram, mas fontes a descrevem como uma matemática que superou os talentos de seu pai. Ela escreveu comentários sobre a *Aritmética* de Diofanto, sobre *As cônicas* de Apolônio e sobre o *Almagesto* de Ptolomeu. Ela inventou, entre outras coisas, um astrolábio plano para medir a posição das estrelas, dos planetas e do Sol.

Hipátia era uma pagã em uma cidade cada vez mais cristã. Em uma noite escura de 415, a caminho de casa, vinda da biblioteca, ela foi arrancada de sua carruagem por um grupo de extremistas cristãos que arrancou suas roupas, bateu nela até a morte e incendiou seus restos mortais.

O romancista inglês Charles Kingsley (mais conhecido pelo livro infantil *Os meninos aquáticos*) apresentou uma imagem romântica de sua vida em seu romance *Hypatia, or New Foes with an Old Face* (1853). Este e outros trabalhos perpetuaram a lenda de que Hipátia não foi apenas uma intelectual, mas também uma bela mulher. No século 20, a vida e morte da bela e brilhante Hipátia foi romantizada por feministas, e ela se tornou a garota-propaganda das ciências modernas e da matemática.

A morte de Hipátia marcou o começo do declínio da Biblioteca de Alexandria como um grande centro de aprendizado na Antiguidade, além de marcar o final da era de ouro da matemática e da ciência gregas. Em 641, os exércitos árabes do Califa de Bagdá não apenas arrasaram os prédios da biblioteca, mas também queimaram os livros para aquecer os banhos públicos.

Correndo em sentido inverso

Números palíndromos são números que são os mesmos se lidos de frente para trás ou de trás para frente.

A palavra *palíndromo* vem do grego *palíndromos*, que significa "correndo em sentido inverso".

A ideia do palíndromo também se aplica a palavras, frases e versos: por exemplo, "radar", "arara", "Anotaram a data da maratona". O poeta grego Sótades, que viveu no século 3 a.C., foi o primeiro a usar a palavra palíndromo. A referência mais antiga a um número palíndromo, 12345654321, aparece em um texto matemático hindu do século 9 d.C.

Eis um jogo numérico interessante: (1) pegue qualquer número inteiro; (2) inverta os dígitos; (3) acrescente o resultado ao número original. Se a resposta não for um palíndromo, repita os passos 1, 2 e 3. Você sempre vai acabar encontrando um palíndromo.

Por exemplo:

Passo 1:   73

Passo 2:   + 37

Passo 3: = 110

A resposta não é um palíndromo. Vamos repetir os passos 1, 2 e 3: 110 + 011 = 121. Um palíndromo!

A maioria dos números requer menos de 5 iterações, exceto pelo número 196; este é o único número menor do que 10000 que ainda não produziu um palíndromo por este processo.

Os matemáticos usaram computadores para repetir o processo com o número teimoso cerca de 725 milhões de vezes, mas ainda não conseguiram encontrar um palíndromo.

Uma regra simples

A regra de três é um método antigo
de resolver proporções.

A multiplicação é humilhação;
A divisão, o dobro da sensação;
A regra de três me ensandece,
E frações me enlouquecem.

Esta rima antiga sugere que a regra de três é ensandecedora, mas trata-se de uma regra muito simples.

A regra apareceu pela primeira vez nos trabalhos do matemático indiano Brahmagupta, no século 7: "Na regra de três, argumento, fruto e requisição são os nomes dos termos. O primeiro e último termos precisam ser similares. A requisição multiplicada pelo fruto, e então dividida pelo argumento, é o produto". Ou seja, produto = requisição × fruto/argumento.

Podemos facilmente entender Brahmagupta, quando aplicamos álgebra a isso. Se conhecemos três números a, b, e c, e queremos encontrar d e os números estão em proporção, então $a:b = c:d$, e $a/b = c/d$ ou $d = cb/a$.

Antigamente, todo aluno aprendia essa regra. Até mesmo Abraham Lincoln aprendeu-a em sua escolinha de um cômodo só. Lewis Carroll (veja na página 93) escreve sobre ela em sua "Canção do Chapeleiro Maluco":

Ele pensou ter visto uma porta de jardim
Que abria com uma chave:
Olhou de novo, e mais uma vez
Uma dupla Regra de Três:
"E todo esse mistério", ele disse,
"Está claro como o dia para mim!"

Um número surpreendente

A proporção áurea é uma relação matemática que fascina matemáticos, filósofos e artistas desde a Grécia Antiga.

Em seu livro *Elementos*, Euclides (veja na página 14) mostra como dividir uma linha reta AB em duas partes por um ponto C de modo que a proporção entre o maior segmento (AC) e o menor (CB) seja exatamente a mesma proporção entre o segmento inteiro (AB) e o maior segmento (AC). Independentemente do comprimento da reta, a proporção é sempre igual a 1,61803398887..., sendo esse um número irracional (veja na página 84).

Essa proporção é hoje conhecida como a proporção áurea, ou a proporção divina, denotada pela letra grega phi (Φ). Phi é o único número positivo que se torna seu próprio recíproco ao ser subtraído de 1; ou seja, $1/\Phi = \Phi - 1 = 0{,}61803398887...$

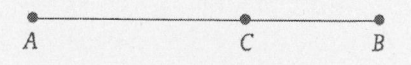

A   C   B

Os antigos gregos usavam o phi frequentemente na arte e na arquitetura, pois o consideravam agradável aos olhos. As dimensões exteriores do Parthenon em Atenas, construído por volta de 440 a.C., formam um retângulo áureo perfeito (um retângulo cujos lados estão em proporção áurea).

Curiosamente, o phi também aparece na natureza: em moluscos de concha, em miolos da flor de girassol, em certos cristais e na forma das galáxias que contêm bilhões de estrelas. Por exemplo, no miolo de um girassol, as sementes estão organizadas em dois conjuntos de espirais. A proporção do número de sementes nas duas espirais é phi. Quando um falcão mergulha para capturar a presa, ele descreve a trajetória de um arco matematicamente relacionado ao phi.

Veja também A sequência de Fibonacci (p. 40).

O Código da Vinci

A Sequência de Fibonacci é uma série de números
na qual cada termo sucessivo é a soma dos dois anteriores:
1, 1, 2, 3, 5, 8, 13, 21, 34, 55, 89, 144...

A sequência de Fibonacci possui muitas propriedades matemáticas interessantes. Se você dividir cada número pelo anterior da sequência (1/1, 2/1, 3/2, 5/3, 8/5...) o resultado se aproxima do número 1,6181...

Esse número é conhecido como a proporção áurea (veja na página 39). Se você eleva ao quadrado algum número da sequência, a resposta terá uma diferença de não mais de 1 do produto dos dois números de Fibonacci adjacentes.

Os números Fibonacci recebem o nome do matemático italiano Leonardo Fibonacci (1170-1250). Durante suas viagens pelo norte da África, Fibonacci aprendeu sobre o sistema decimal que evoluíra na Índia e era usado então pelos árabes.

Após o retorno à sua cidade natal, Pisa, ele publicou um livro chamado *Liber Abaci* (1202), no qual ele apresentou à Europa os numerais arábicos que usamos hoje em dia.

"Existem nove símbolos para os hindus: 9 8 7 6 5 4 3 2 1. Com estes nove símbolos, e com o símbolo 0, chamado em árabe de *zephirum*, qualquer número pode ser escrito, como será demonstrado", ele escreveu em seu livro.

Fibonacci hoje é mais conhecido pela simples sequência de números que vem da resposta de um enigma proposto por ele: "Começando com um par de coelhos, se a cada mês todo par fértil tiver um novo par, que se torna fértil com um mês de idade, quantos pares de coelhos teremos em um ano?".

Os primeiros oito números de Fibonacci aparecem como uma das pistas deixadas pelo curador do Louvre Jacques Sauniére, personagem assassinado no romance *best seller O Código da Vinci* (2003).

A Helena da geometria

A cicloide é considerada a curva mais bela da geometria; é por isso que ela foi batizada com o nome da princesa grega.

Provavelmente, existe outro motivo para esse nome: assim como Helena de Tróia, a cicloide provocou muitas brigas entre os matemáticos do século 17.

Os franceses a chamam de *la pomme de discorde* (o pomo da discórdia). Para nós, a cicloide é uma curva magnificamente proporcional, mas para os matemáticos ela é uma curva descrita por um ponto na base de um círculo que rola sobre uma linha reta, também chamada de *locus* do ponto.

A cicloide foi descoberta em 1501 pelo matemático francês Charles Bouvelles (1471-1553). Assim como vários matemáticos anteriores, ele tentou resolver o problema impossível de encontrar a quadratura do círculo (veja na página 21). A curva foi batizada em 1599 por Galileu; desde então, ela tem sido estudada por vários grandes matemáticos, incluindo Fermat, Descartes, Newton, os Bernoullis e Pascal, que aparecem neste livro.

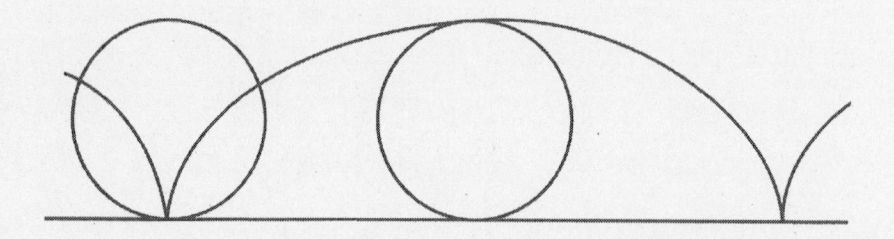

Cada ponto na borda de uma roda em movimento forma uma cicloide

A cicloide tem várias propriedades curiosas: o caminho de um pêndulo é uma cicloide invertida. Galileu sugeriu o uso de arcos cicloides para pontes, pois assim elas ficariam mais fortes do que com o uso de outras curvas. Christopher Wren (1632-1723), o arquiteto londrino que planejou a Catedral de São Paulo, calculou que o comprimento dos tais arcos seria exatamente quatro vezes o círculo que os geraria.

A cicloide também traz um enigma instigante: a qualquer instante em um trem em movimento, existem partes das rodas que se movem para trás – e não para frente? O diagrama abaixo mostra a cicloide traçada por cada ponto na parte externa de uma roda de trem em movimento. Essa cicloide é chamada de encurtada: uma cicloide gerada por um ponto dentro do círculo em movimento. Ela mostra que existem pontos na roda que se movem para trás quando o trem se move para a frente.

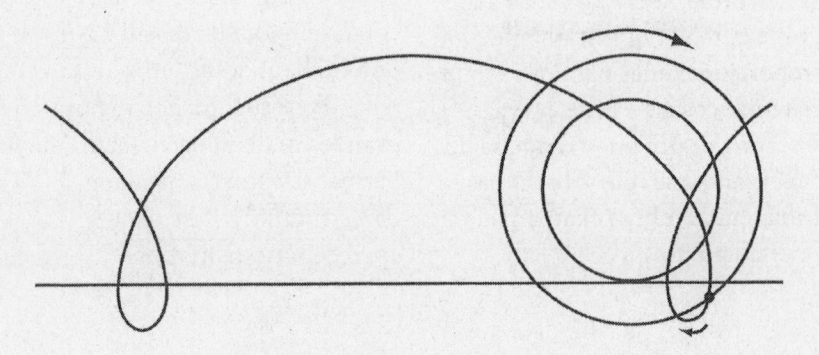

A cicloide traçada por cada ponto na borda de uma roda de trem em movimento mostra que sempre há pontos na roda que estão se movendo para trás

Um conceito útil

Os logaritmos são usados em muitas áreas
da ciência e da engenharia, especialmente ao lidar com
quantidades que podem ter valores em diversas escalas.

O logaritmo de um número é o valor da potência à qual a base deve ser elevada para gerar o número dado.

Por exemplo, o logaritmo de 100 para a base 10 é 2, ou $\log_{10} 100 = 2$. Isto acontece porque $10^2 = 100$. Logaritmos de base 10 são chamados de logaritmos comuns e os de base e são chamados logaritmos naturais (para o significado de e veja a página 65). O logaritmo de um número x de base e é escrito como $\log_e x$ ou $\ln x$.

As propriedades mais comuns dos logaritmos (para todas as bases positivas) são:

$\log_a 1 = 0$ (porque $a^0 = 1$)
$\log_a a = 1$ (porque $a^1 = a$)
$\log_a a^x = x$ (porque $a^x = a^x$)

Os logaritmos foram inventados pelo matemático escocês John Napier (1550-1617). Em 1594, ocorreu a ele que todos os

números podiam ser escritos em forma exponencial: ou seja, 4 pode ser escrito como 2^2 e 5 como 2 elevado a alguma potência fracionária entre 2 e 3. Ele levou outros vinte anos para decifrar as regras com detalhes, além das tabelas de logaritmos, as quais ele publicou em 1614 em *Mirifici logarithmorum canonis descriptio* (Descrição do cânone maravilhoso dos logaritmos).

Na introdução do seu livro, Napier comenta que esperava que seus logaritmos economizassem tempo e liberassem os matemáticos dos frequentes erros de cálculo, e ele estava certo. As tabelas de logaritmos – e a regra adjacente inventada em 1621 pelo matemático inglês William Oughtred (1575-1660), que também era baseada em logaritmos – permaneceram no uso comum por mais de três séculos, até que as calculadoras portáteis tornaram-se populares.

A prova está na embalagem

Qual é o melhor modo de agrupar esferas da forma mais densa possível?

Nos anos 1590, enquanto preparava seu navio para uma expedição, o nobre aventureiro inglês Sir Walter Raleigh perguntou a seu assistente Thomas se havia um modo rápido de estimar o número de bolas de canhão em determinado estoque.

Alguns anos depois, Harriet apresentou o problema ao astrônomo e matemático alemão Johannes Kepler (1571-1630), que é hoje famoso por suas três leis do movimento planetário.

Após experimentos com modos diferentes de estocar esferas, Kepler declarou em 1611 o que ele achava ser uma solução óbvia: um arranjo conhecido por todos os verdureiros, porém chamado de arranjo cúbico de face centrada pelos matemáticos. Nesse arranjo você posiciona, digamos, 100 laranjas em uma camada plana de 10 x 10, então encaixa outra camada nos orifícios entre as laranjas da primeira camada, e assim sucessivamente até que a pilha forme uma pirâmide. De tal forma, Kepler calculou, 74% do volume é ocupado pelas esferas, e 26% pelo espaço entre as esferas. Contudo, Kepler não forneceu uma prova.

A busca pela prova da conjectura de Kepler fugiu aos matemáticos por séculos, desde grandes clássicos como Isaac Newton e Carl Friedrich Gauss, até mestres modernos como David Hilbert e Buckminster Fuller. Em 1998, Thomas Hales, da Universidade de Michigan, chocou o mundo da matemática ao anunciar que havia encontrado a prova (que consistia de 250 páginas de argumentos e 3 gigabytes de arquivos). Em 2003, o prestigiado jornal *Annals of Mathematics* aceitou a prova como definitiva. Alguns matemáticos não gostam das provas computadorizadas dos problemas, e sim da elegância das equações. Talvez precisemos esperar por mais 400 anos para obter uma prova elegante.

A álgebra encontra a geometria

A geometria analítica é conhecida por ser o maior passo já dado no progresso das ciências exatas.

O filósofo e matemático francês René Descartes (1596-1650) acreditava que a geometria euclidiana (veja na página 14) "exercita a compreensão apenas sob a condição de exaurir demasiadamente a imaginação".

Para simplificar as coisas, ele decidiu lidar com retas e figuras planas em um gráfico. Essa ideia deu luz à nova geometria hoje conhecida como analítica (ou coordenada, ou cartesiana).

O gráfico é feito por meio da escolha arbitrária de duas retas como referência (normalmente linhas horizontais e verticais) que formem entre si ângulos retos. Essas retas de referência costumam ser chamadas de eixos x e y. Qualquer ponto desse gráfico pode ser descrito por dois números x e y – chamados de coordenadas do ponto – x representando a distância ao longo do eixo x, e y a distância ao longo do eixo y. Esse gráfico é um espaço cartesiano bidimensional. Um conjunto de eixos x, y e z que formem ângulos retos entre si definem um espaço cartesiano tridimensional.

O escritor francês Voltaire (1694-1778) descreveu a geometria analítica como sendo "o método de atribuir equações algébricas às curvas". Por exemplo, a equação $(x - 2)^2 + (y - 5)^2 = 36$ ou 6^2 representa um círculo cujo centro está no ponto $x = 2$, $y = 5$ e cujo raio é de 6 unidades. A equação para um círculo com seu centro na intersecção dos eixos x e y sempre segue a forma $x^2 + y^2 = r^2$, onde r é o raio.

Quatro círculos se beijam

O teorema descreve uma relação elegante entre os raios de quatro círculos mutualmente tangentes.

Em 1643, Descartes (veja na página 45) desenvolveu uma fórmula relacionando a curvatura de quatro círculos, cada um deles tocando todos os outros três. A curvatura de um círculo é definida como 1/r, onde r é o raio do círculo.

Nos quatro círculos com curvaturas a, b, c e d, a fórmula especifica que $a^2 + b^2 + c^2 + d^2 = \frac{1}{2}(a + b + c + d)^2$. Esta fórmula também se aplica a três círculos que se toquem dentro de um quarto círculo.

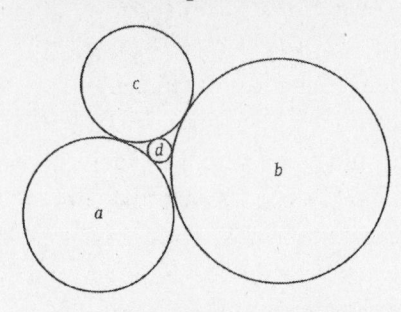

Em 1936, quando Frederick Soddy (1877-1956), o químico inglês que recebeu o Prêmio Nobel de Química de 1921, redescobriu o teorema, ele compôs um poema que seria publicado no periódico *Nature* (em 20 de junho de 1936). Eis um trecho:

Quatro círculos vêm para o beijo,
O menor, o mais curvado.
A curvatura é bem o inverso da
Distância ao centro.
Ainda que sua intriga faça Euclides
Parecer um bufão,
Não há necessidade da regra do dedão.
Já que curva zero é uma linha reta,
E côncava tem sinal de menos,
A soma dos quadrados das curvaturas
É metade do quadrado de sua soma

Apolônio foi o primeiro a estudar círculos tangentes (veja na página 27).

"Devolvam-nos os onze dias"

O calendário que temos hoje é o gregoriano,
que substituiu o antigo calendário de Júlio César.

Nosso calendário anual da atualidade começou em 45 a.C., quando Júlio César introduziu um calendário baseado no ano solar. Esse calendário solar substituiu o antigo, de base lunar, no qual cada mês começava com uma lua nova e durava cerca de 29,5 dias.

Porém, os astrônomos de César não haviam feito contas muito exatas: eles estimaram o comprimento do ano como tendo 11 minutos e 14 segundos a mais do que o ano solar correto, de 365 dias, 5 horas, 48 minutos e 46 segundos (o tempo que a Terra leva para completar sua órbita em torno do Sol).

Por volta da metade do século 16, o erro de cálculo romano acumulara dez dias extras. Em 1582, o papa Gregório 13 criou uma solução: ele ordenou que os dez dias fossem eliminados do calendário daquele ano; 5 de outubro foi então seguido de 15 de outubro. Além disso, ele estabeleceu dias intermitentes a serem inseridos depois de 28 de fevereiro a cada quatro anos, exceto em anos que não fossem divisíveis por 400 (1900 não foi um ano bissexto, mas 2000 foi). O calendário gregoriano foi prontamente aceito por todos os países europeus, exceto a Suécia, a Rússia e a Inglaterra.

Em 1752, Lorde Chesterfield disse ao parlamento inglês que eles deviam reformar o calendário: "Não era muito... muito honrado da parte da Inglaterra manter-se em um erro crasso e desnecessário". Àquela altura, o erro acumulado já resultava em onze dias; assim, ele propôs que 2 de setembro fosse seguido de 14 de setembro.

Houve fervorosa oposição à inovação. Muitas pessoas acreditavam genuinamente que haviam perdido onze dias de suas vidas. Lorde Chesterfield passou a sofrer assédio nas ruas, com multidões que vaiavam e gritavam: "Devolva-nos os

onze dias que nos roubaram!".
Banqueiros e donos de terras
ficaram relutantes com relação
aos juros e pagamentos de
aluguel referentes àqueles dias.
O final do ano financeiro, que
fora por anos em 25 de março,
foi atrasado para 5 de abril,
que segue até hoje como o
último dia do ano financeiro
no Reino Unido.

Os britânicos – seguidos
dos suecos em 1753 – se
conformaram com a perda,
mas os russos resistiram até
1918. Como resultado, o golpe
bolchevique de 7 de novembro
de 1917, de acordo com o
calendário gregoriano, é
conhecido como Revolução
de Outubro (23 de outubro no
calendário de Júlio César).

O calendário gregoriano é
próximo o suficiente do ano solar
correto, e levaria cerca de 3.322
anos para acumular um dia de
erro. Enquanto esperamos por
aquele dia bissexto extra, vamos
ter vários segundos bissextos.
Contudo, entre dia e segundo há
muita diferença.

Uma rotação da Terra – o giro da
Terra sobre seu próprio eixo, e não
a sua órbita em torno do Sol – leva
exatamente 24 horas e é chamada
de dia solar médio. A rotação da
Terra gradualmente desacelera
devido ao efeito das marés.* A
desaceleração média é de cerca
de 1,4 milissegundos por dia por
século. Um segundo bissexto é
acrescentado em 1º de janeiro
periodicamente para manter os
relógios atômicos sincronizados
com a rotação da Terra. O último
segundo bissexto foi acrescentado
em 1º de janeiro de 2012. Não se
preocupe! A Terra não deverá
parar de rodar por vários milênios
ainda. Um segundo bissexto não
é a medida da velocidade na qual
a Terra desacelera, e sim uma
correção entre dois sistemas de
medida de tempo, um medido
pelo giro da Terra e o outro por
relógios atômicos.

---

* O atrito entre as águas dos oceanos, que sobem e descem durante as marés, e a
  crosta sólida da Terra, quando ela gira, desacelera o movimento de rotação. (N.E.)

Pensando com letras

A música já foi chamada de pura álgebra do encantamento, mas a álgebra talvez não pareça para você a música do encantamento.

"Talvez o assunto pareça muito difícil, bem como ele é estranho para a maioria das pessoas (iniciantes estão, via de regra, demasiado prontos a desistir do sucesso); você, entretanto, com o impulso de seu entusiasmo e o benefício de meu ensino, verá que é algo fácil de dominar; pois quando a ansiedade por aprendizado é somada à instrução, o progresso rápido ocorre naturalmente". Assim escreve Diofanto em sua dedicatória do livro *Aritmética*, para seu amigo Dionísio.

Diofanto, um matemático grego que viveu em Alexandria, no Egito, durante o século 3, é considerado o pai da álgebra, e *Aritmética* é um dos livros mais influentes na história da matemática. Diofanto não criou a notação algébrica dos dias de hoje, mas foi o primeiro a usar símbolos para quantidades desconhecidas.

O uso de letras como símbolos para representar números foi introduzido por François Vieta (1540-1603), um matemático francês. Outro matemático francês, René Descartes (1596-1650) decidiu que as letras do princípio do alfabeto, *a, b* e *c*, seriam usadas para números conhecidos e aquelas no final do alfabeto, *x, y* e *z* para os desconhecidos.

Os sinais de mais e menos (+ e –) foram usados pela primeira vez em um livro impresso na Alemanha em 1489. Contudo, os sinais já haviam sido usados antes por trabalhadores portuários para indicar que determinados sacos de grãos eram mais pesados ou mais leves que o peso padrão. O sinal da multiplicação (×) foi usado primeiramente em 1631 pelo matemático inglês William Oughtred (1575-1660), enquanto o sinal da divisão (÷) surgiu em um livro de álgebra do matemático suíço Johann Rahn (1622-1676). O matemático galês Robert Recorde (1510-1558) inventou o sinal de igual (=).

"Para evitar a tediosa repetição das palavras 'é igual a'", ele escreveu em um livro impresso em 1557, "eu escreverei sempre que necessário um par de linhas, como =, pois nenhum outro par de coisas pode ser mais igual". Os sinais de maior e menor (> e <) apareceram pela primeira vez em um livro do matemático britânico Thomas Harriot (1560-1621), impresso em 1631, dez anos após sua morte.

A palavra "álgebra" vem da palavra árabe *al-jabr*, que significa "a reunião das partes quebradas", e aparece no título do livro *Kitab al-jabr w'al-muqabala*, escrito no século 9 pelo matemático árabe Muhammad ibn Musa al-Khwarizmi.

A álgebra é "fácil de dominar" se você tiver "ansiedade de aprendizado", como prometido pelo próprio fundador, quer você concorde ou não com a opinião do poeta e autor americano Oliver Wendell Holmes (1809-1894), sobre os méritos relativos da aritmética e da álgebra: "Um dos vários modos de classificar mentes é com os intelectos aritméticos e algébricos. Toda sabedoria econômica e prática é uma extensão da seguinte fórmula aritmética: $2 + 2 = 4$. Toda proposição filosófica tem o caráter mais geral da expressão $a + b = c$. Somos mais operacionais, empíricos e egoístas até que aprendemos a pensar em letras ao invés de números".

As regras de trânsito da álgebra

Estas leis fundamentais governam a ordem
em que fazemos operações em álgebra.

Lei de comutação de adição e multiplicação

Quando somamos ou multiplicamos, a ordem em que os números são somados ou multiplicados não afeta o resultado.

$$a + b = b + a$$
$$ab = ba$$

Mudar a ordem dos números é uma prática chamada de "comutação". A lei da comutação não funciona para a subtração ou para a divisão, nas quais a ordem dos fatores afeta o resultado.

Lei de associação da adição e da multiplicação

A lei de associação diz que o agrupamento dos termos em soma ou produto não importa. Esta lei permite que você mova os parênteses desde que os números não se movam:

$$a + (b + c) = (a + b) + c$$
$$a(bc) = (ab)c$$

A lei da associação funciona apenas quando somamos ou multiplicamos: ela não funciona para subtrações ou divisões.

Lei da distribuição

Esta lei diz que quando a soma de dois números é multiplicada por um terceiro número, o resultado é igual àquele obtido pela multiplicação de cada um dos dois primeiros números pelo terceiro número e então efetuando a soma. Para simplificar, a lei permite que o produto de uma soma seja reescrito como a soma dos produtos:

$$a(b + c) = ab + ac$$

Os exemplos acima servem para dois ou três elementos, mas as leis da comutação, associação e distribuição são válidas para qualquer número de elementos. Essas leis, obviamente, também valem para a aritmética comum.

Lei da identidade

Esta lei diz respeito apenas a 0 e 1, ao dizer que 0 não tem efeito sobre adições, assim como 1 não tem efeito sobre multiplicações.

Lei da inversão

Esta lei diz que $-a$ é o inverso aditivo de a; e que a^{-1} é o inverso multiplicativo de a (quando a não é igual a 0). Isso quer dizer que:

$$a + (-b) = a - b$$

$$ab^{-1} = a/b$$

Todas essas leis são conhecidas pelos matemáticos há um bom tempo, tendo porém sido resumidas da forma acima por diversos matemáticos alemães e britânicos nos anos 1830.

Parênteses em álgebra

Falando algebricamente

Os parênteses ajudam a simplificar operações algébricas.

Ao discutir com seus colegas escritores Cornelius Matheus e William Ellery Channing, Edgar Allan Poe (1809-1849) afirmou: "Para falar algebricamente, o Mr. M é execrável, mas Mr. C é (x + 1)-ecrável".

O mestre do mistério e do macabro certamente sabia como chocar seus colegas escritores com álgebra – além de usar os parênteses para um efeito adicional.

Usamos parênteses em álgebra para mostrar que algumas operações podem ser feitas com mais de um termo. Por exemplo, se você quer multiplicar $2x + 4y - 3$ por 5, você pode escrever:

$5 \times 2x + 5 \times 4y - 5 \times 3$

Essa opção parece bagunçada, sendo que você pode fazer isso de forma mais elegante com o uso de parênteses:

$5(2x + 4y + 3)$

Os parênteses mostram que cada parcela dentro deles precisa ser multiplicada por 5.
A maioria das pessoas acha um sinal de menos fora de um parênteses muito confuso. Por exemplo, $x - (y + z)$ é o mesmo de $x - y - z$. Aqui a regra fica muito simples: se houver um sinal de menos fora dos parênteses, os sinais de todas as parcelas dentro dos parênteses são trocados quando eles são removidos:

$5x - (2x + 4y - 3) = 5x - 2x - 4y + 3$

Porém, caso haja um sinal de adição fora dos parênteses, os sinais dentro deles não mudam quando os parênteses são removidos:

$5x + (2x + 4y - 3) = 5x + 2x + 4y - 3$

A decepção do Ursinho Pooh

O fator de um número inteiro é um número inteiro
menor que divide o número sem deixar resto.

Subitamente, Christopher Robin começou a contar ao Ursinho Pooh sobre algumas coisas: as pessoas as chamavam de Reis e Rainhas e algo mais chamado Fatores... e então, quando Pooh pareceu desapontado, ele acrescentou rapidamente, "mas isto é mais importante do que os Fatores".

A.A. Milne, The House at Pooh Corner (1928)

De fato, fatores não são tão interessantes – e grandiosos. Eis alguns fatos sobre fatores que Christopher Robin não ensinou a Pooh:

O inteiro (número inteiro) 1 é um fator de todos os inteiros positivos, e cada inteiro positivo é um fator de si mesmo. Um fator primo é um fator que também é um número primo (na página 32). O número que é um fator de dois números é um fator comum entre eles: por exemplo, 9 é um fator de 18 e de 54, então 9 é um fator (ou divisor) comum de 18 e 54. O máximo divisor comum (MDC) de 18 e 54 é 18. Os menores fatores de 18 e 54 são 3, 6 e 9.

O mínimo múltiplo comum (MMC) de 18 e 54 é 54, já que ele é o menor número que se obtém multiplicando-se 18 e 54 por um fator.

Quando fatoramos, expressamos um número pelo produto de alguns de seus fatores, por exemplo:

$12 = 6 \times 2 = 4 \times 3 = 2 \times 2 \times 3$

Pense em potências e raízes

Dois processos matemáticos opostos – potência
e raiz quadrada – relacionam índices e irracionais.

*Mas o que são todas essas
alegrias para mim
Que tenho pensamentos tão
cheios de índices e irracionais?*
Lewis Carroll

Nos números 2^3 e a^n, 3 e n
são os índices ou expoentes.
As seguintes leis governam
potências:

- Multiplicação: os índices são
  somados. Por exemplo,
  $a^m \times a^n = a^{m+n}$

- Divisão: os índices são
  subtraídos. Por exemplo,
  $a^m \div a^n = a^{m-n}$

- Potência: os índices são
  multiplicados. Por exemplo,
  $(a^m)^n = a^{mn}$

- Índices negativos tornam-se
  positivos no denominador.
  Por exemplo, $a^{-m} = 1/a^m$

Raízes irracionais são raízes
quadradas (ou cúbicas, etc.) de
alguns números, que não podem
ser reduzidas a um número
inteiro: por exemplo, $\sqrt{5}$, $\sqrt{2}$.
Abaixo demonstramos as regras
gerais para simplificar raízes
irracionais:

- $\sqrt{ab} = \sqrt{a} + \sqrt{b}$
- $\sqrt{a} \times \sqrt{a} = a$

Agora, assim como aconteceu
com Lewis Carroll, (veja
página 93), seus pensamentos
podem ficar cheios de índices e
irracionais.

Um conceito escorregadio

Uma média é um número que
representa um conjunto de números.

Comparar grupos de números é complicado, e por isso comparamos médias. Contudo, alguns matemáticos acreditam que as médias tendem mais a esconder fatos que revelá-los.

K. C. Cole (*O universo e a xícara de chá*, 2006), vai mais além e diz que média é "um dos conceitos mais escorregadios que desliza para o senso comum". Em seu clássico *Dos números aos fatos* (1969), M. J. Moroney cita a revista satírica *Punch*:

> O número que relaciona 2,2 crianças por mulheres adultas pareceu ser absurdo em alguns sentidos, e uma Comissão Real sugeriu que as classes médias recebessem dinheiro para aumentar a média para um número mais redondo e conveniente.

Os matemáticos expressam médias – "uma informação pobre", de acordo com Francis Galton (*Natural Inheritance*, 1889) – em três modos diferentes: média, mediana e moda. O modo mais fácil de encontrar uma "média" é calculando a média aritmética: some todos os números do grupo e divida o resultado pelo número de elementos do grupo. Em uma média geométrica, todos os números do grupo são multiplicados uns pelos outros, e se procura a raiz de índice n do produto, onde n significa o número de elementos do grupo. Por exemplo, a média geométrica de 2, 4 e 8 é a raiz cúbica de $2 \times 4 \times 8$, ou 64, que é 4. A média aritmética de 2, 4 e 8, por outro lado, é $(2 + 4 + 8)/3 = 14/3 = 4,666...$

A mediana é o valor do número médio de um grupo de números. Se a lista contém um número par de números, a média dos dois números centrais é tirada. A moda é o número que ocorre com mais frequência em um grupo.

Resolvido, afinal

O teorema de Fermat confundiu até mesmo
os melhores matemáticos por mais de 350 anos,
até ser finalmente resolvido em 1993.

Pierre de Fermat (1601-1665), um advogado e matemático amador da França, estava lendo sua cópia do clássico texto *Aritmética* de Diofanto (veja página 49), quando deparou-se com a equação $x^2 + y^2 = z^2$. Ele percebeu imediatamente que a equação tinha um número infinito de soluções.

Era do hábito de Fermat rabiscar pequenas notas nas margens de sua cópia. Ele escreveu: "Não existem soluções com números inteiros para a equação $x^n + y^n = z^n$, quando n é maior do que 2. Eu descobri uma prova realmente maravilhosa para este teorema, porém esta margem é estreita demais para contê-la."

Este foi o último teorema de Fermat, que ele descobriu no ano 1637. "Fermat foi um matemático de primeira categoria", comenta E.T. Bell em sua clássica biografia de matemáticos chamada *Men of Mathematics* (1937), "sendo também um homem de honestidade impecável, e um aritmético sem igual no curso da história".

Andrew Wiles, professor de matemática na Universidade de Princeton, finalmente resolveu o teorema em 1993. Quando ele estudava no Reino Unido, Wiles viu o teorema em um livro de matemática da biblioteca pública. "Parecia tão simples, e mesmo assim todos os grandes matemáticos da história não conseguiam resolvê-lo", ele se lembra. "Havia um problema, que eu, um garoto de dez anos de idade, conseguia entender, e eu soube naquele momento que nunca conseguiria me livrar dele. Eu tinha que resolvê-lo." E ele de fato o fez, depois de vários anos de trabalho duro. A prova final tem 130 páginas.

"Muitas novidades"

O teorema binomial foi a primeira
grande descoberta de Newton.

Sou bem familiarizado, também,
com as coisas matemáticas
Compreendo equações, tanto
simples
quanto quadráticas
Sobre o teorema binomial lanço
novidades para todos os lados
Vários fatos divertidos sobre
a hipotenusa e os seus quadrados.

Eis a grande novidade sobre o
teorema binomial com o qual o
Major-General Stanley estava
lidando na ópera de Gilbert e
Sullivan *Os piratas de Penzance*
(1879).

Um binômio é feito de quaisquer
dois números conectados por
um sinal de mais ou de menos,
por exemplo, (a + b). O teorema
binomial lida com a expansão de
expressões da forma $(a + b)^n$ para
vários valores de n, tais como:

$(a + b)^2 = a^2 + 2ab + b^2$

$(a + b)^3 = a^3 + 3a^2b + 3ab^2 + b^3$

E assim por diante.

Isaac Newton (1642-1727) não
descobriu a expansão do binômio. Sabe-se que o matemático
chinês do século 13 Yang Hui,
bem como alguns matemáticos
europeus do século 17, incluindo Blaise Pascal, mostraram a
expansão do binômio que pode
ser obtida por meio de um
arranjo hoje conhecido como
o triângulo de Pascal (veja na
página 59).

Newton, contudo, descobriu o
teorema binomial, que pode ser
usado para expandir binômios
a qualquer dada potência sem
multiplicação direta. O teorema
funciona também com valores
negativos ou fracionados de
n, por exemplo -3 ou ½. A
descoberta foi feita em 1665,
quando ele tinha 22 anos de
idade, poucos meses antes de
receber seu título de bacharel
em Artes da Trinity College,
Universidade de Cambridge.
Diz-se que se Newton não tivesse
descoberto mais nada além do
teorema binomial, ele ainda
seria lembrado como um grande
matemático.

Um padrão incrível de números

O triângulo de Pascal é um padrão triangular
de números com várias propriedades interessantes.

```
            1
          1   1
        1   2   1
      1   3   3   1
    1   4   6   4   1
  1   5  10  10   5   1
1   6  15  20  15   6   1
```

E assim por diante.

Depois das duas primeiras linhas, cada número no corpo do triângulo é a soma dos dois números da linha acima à esquerda e à direta. Assim, a próxima linha seria 1, 7, 21, 35, 35, 21, 7, 1.

Ainda que o triângulo seja conhecido desde antes do tempo do matemático francês Blaise Pascal (1623-1662), ele é chamado de triângulo de Pascal porque este o usava de forma engenhosa para obter coeficientes de binômios (veja na página 58). Os números em cada linha do triângulo são os coeficientes da expansão de $(a + b)^n$. Por exemplo, para $n = 3$, temos
$(a + b)^3 = a^3 + 3a^2b + 3ab^2 + b^3$.
Os coeficientes 1, 3, 3 e 1 estão na terceira linha.

Pascal também usou o triângulo em sua teoria da probabilidade (veja na página 70). Por exemplo, de quantos modos diferentes você pode escolher duas bolinhas de gude de uma caixa que contenha cinco bolinhas de gude de cores diferentes? A resposta é 10 (ou a probabilidade é de 1 em 10). Esse número está no segundo lugar da quinta coluna do triângulo (o número 1 no topo conta como a linha zero).

Os números de Fibonacci (veja na página 40), podem também ser encontrados no triângulo. Eles são mais difíceis de localizar, mas se você olhar por um certo ângulo, encontrará a sequência 1, 1, 2, 3, 5, 8, 13... (procure por 1, 1 + 1, 1 + 2, 1 + 3 + 1, 1 + 4 + 3, 1 + 5 + 6 +1...)

O carrasco dos estudantes

O cálculo lida com quantidades variáveis.

O cálculo é o portal para a matemática mais elevada.

Para alguns alunos, ele parece terrível e, infelizmente, torna-se uma barreira. Os matemáticos o tornam ainda mais intimidador quando falam sobre "O cálculo". Mesmo na linguagem cotidiana, quando as pessoas querem enfatizar o assunto, elas dizem, por exemplo: "o cálculo da situação exige...", ao invés de dizer "a situação exige". O cálculo não é difícil de dominar, porém parece ter algum tipo de aura misteriosa quando os alunos dão de cara com ele pela primeira vez. A literatura matemática é cheia de "músicas de cálculo", escritas por aqueles que odeiam – ou amam – o cálculo.

Este trecho de uma música antiga de autor anônimo resume o desespero de muitos alunos depois da primeira aula de cálculo:

Ó Senhor, ouça meu pedido ansioso,
O cálculo está me matando,
Eu não sei de 'dx' nem de 'dy'
E provavelmente assim será até eu morrer.
Por favor, Senhor, me ajude nesta hora
Trago aqui meu caso para um poder superior resolver.

O cálculo é um presente de duas grandes mentes: Newton, que dispensa apresentações, e o matemático e filósofo alemão Gottfried Leibniz (1646-1716). Em 1684, Leibniz publicou um artigo com um título bastante longo, que pode ser traduzido como "Um novo método para máximos e mínimos, bem como tangentes, que não deixa de funcionar com quantidades fracionadas ou irracionais, e um tipo notável de cálculo para tal". Com "cálculo", ele quis dizer "um conjunto de regras".

Newton inventou o cálculo por volta de 1665. Ele o chamava de fluxões, que também podia ser usado para encontrar máximos e mínimos, além de tangentes, que não deixavam de funcionar com quantidades fracionadas ou irracionais. Porém, ele não publicou nada até 1687.

A discussão envolvendo Newton e Leibniz sobre quem descobriu o cálculo ainda está gravada na história da matemática. A controvérsia continuou por anos, mas hoje acredita-se que ambos o desenvolveram independentemente. Contudo, a terminologia e a notação do cálculo como o conhecemos hoje vêm de Leibniz. Por exemplo, os símbolos de Leibniz ∫ (o s alongado) para integral e *d* para derivadas ainda são usados hoje em dia.

O cálculo é dividido entre diferencial e integral. Não sabemos quanto o Major-General Stanley da ópera cômica *Os Piratas de Penzance* (1879) sabia sobre cálculo diferencial e integral, mas ele com certeza faz referências a eles na "Canção do Major-General", para impressionar os piratas:

Sou muito bom em cálculo diferencial e integral,
Conheço os nomes científicos de seres animalescos,
Resumindo, em matéria de animais, vegetais e minerais,
Sou o modelo do moderno Major-General.

Duvidamos que ele soubesse que o cálculo diferencial lida com derivadas e que o cálculo integral lida com integrais. A derivada de uma função mostra uma mudança infinitesimal sobre a função de uma de suas variáveis. A derivada de uma função y com respeito a uma variável x é normalmente escrita como dy/dx. A integral da função $f(x)$ é o limite, quando x se aproxima de zero. É escrito como $\int f(x)\, d(x)$.

Complexo, não é?

Pelo menos, uma coisa boa do cálculo é que você sempre sabe qual é o seu limite.

O amor é uma função de...

Uma função expressa dependência
entre duas quantidades.

Para compreender funções, devemos começar com pares ordenados. Um par ordenado é um par de números que tem uma ordem significativa. O termo é usado particularmente para denotar um par de coordenadas cartesianas: x e y são usadas como coordenadas em um gráfico para localizar um ponto (veja na página 45). Essas coordenadas possuem uma ordem significativa: x é o primeiro número e y o segundo, sendo que (1, 2) não é igual a (2, 1), por exemplo, já que eles especificam pontos diferentes.

Uma relação é um conjunto de pares ordenados (x, y). Os primeiros elementos desse par ordenado, os valores de x, formam o domínio. Os segundos elementos, os valores de y, formam a imagem. Ou seja, uma função é um conjunto de pares ordenados nos quais cada elemento do domínio é associado a um único elemento da imagem. Por exemplo, em
$f = \{(1, 2), (3, 5), (7, 9), (12, 16)\}$
é uma função, com todos os números organizados em um par ordenado. O domínio é o conjunto (1, 3, 7, 12) e a imagem é (2, 5, 9, 16). Essa função nunca tem dois pares ordenados com o mesmo x gerando mais de um valor para y.

Ainda confuso? O verso seguinte talvez ajude. Foi escrito pelo físico escocês W. J. M. Rankine (1820-1872) e apareceu em seu livro *The Mathematician in Love* (1874), publicado após a sua morte:

Que x denote a beleza,
y os modos e a criação
z denote a fortuna
(esta sendo essencial),
Que L simbolize o amor
– como diria o filósofo
Então L é uma função de x, y e z,
Do tipo chamado de potencial.

Nas costas de uma tartaruga

Não há nenhuma mágica no quadrado mágico;
é apenas uma tabela de adição.

Em um quadrado mágico, os números em todas as linhas, colunas e diagonais da matriz resultam na mesma soma.

4	9	2
3	5	7
8	1	6

Os quadrados mágicos fascinam e têm fascinado as pessoas por mais de 4.000 anos. O registro mais antigo de um quadrado mágico aparece perto de 2200 a.C., na China. Diz a lenda que o Imperador Yu viu um quadrado mágico nas costas de uma tartaruga às margens do rio Amarelo. O quadrado, chamado de *lo shu*, era considerado mágico em razão da soma dos números, que era a mesma em todas as linhas, colunas e diagonais, ou seja, 15. O quadrado que o imperador viu é mostrado a seguir usando a representação moderna.

Na era medieval surgiu uma variação no quadrado mágico. Neste quadrado as células são preenchidas com *n* números (ou símbolos) de modo que nenhuma linha, ou coluna contenha um número repetido e cada número deve ser usado precisamente *n* vezes. O matemático suíço Leonhard Euler (veja na página 66) foi o primeiro a estudá-los sistematicamente e chamá-los de quadrados latinos. O quadro completo do popular jogo Sudoku é um quadrado latino (veja na p. 134).

Um teorema para os Bernoullis

A série harmônica é a soma
dos recíprocos de números inteiros.

Em três gerações, durante os séculos 17 e 18, a família Bernoulli, da Suíça, produziu oito matemáticos e cientistas, vários deles excelentes.

O princípio de Bernoulli (quanto mais rápido o fluxo, menor a pressão), conhecido pelos alunos de ciência, foi inspirado em Daniel (1700-1782). Nossa história, contudo, é sobre Johann (1677-1748), o pai de Daniel.

Durante a época de Johann, a série infinita como $1 + 2 + 3 + 4 + 5 +...$ era vista apenas como a soma de uma coleção infinita de termos e acreditava-se que tal série "diverge no infinito". Johann observou que na série harmônica $1 + \frac{1}{2} + \frac{1}{3} + \frac{1}{4} + \frac{1}{5} + ...$ os termos individuais claramente se aproximam de zero, e mesmo assim sua soma é infinita. Essa observação pareceu bastante bizarra e avessa à intuição do senso comum, porém Johann provou que a série harmônica diverge no infinito. Ainda que o teorema tenha sido provado por Johann, sua prova apareceu em *Tratado das Séries Infinitas* (1689), um livro escrito por seu irmão mais jovem Jakob (1654-1705).

William Dunham escreve em seu livro *Journey Through Genius: The Great Theorems of Mathematics* (1990), que a prova influenciou Jakob a escrever o seguinte verso matemático:

Quando o infinito abrange uma série infinita
E um limite ilimitado aparece,
Assim a alma da imensidão habita nas minúcias
Que alegria discernir o minuto no infinito!
O vasto a ser visto no diminuto, que divindade!

O primo irracional do pi

O e é o número mais importante e onipresente da matemática superior.

Alguns matemáticos dizem que é impossível conceber um universo no qual *e* e π não existam. Assim como π, *e* é um número irracional (veja na página 84). Sua sequência decimal segue indefinidamente e não se repete em nenhuma forma padronizada:

e = 2,71828182845904523536...

Martin Gardner, o conhecido autor de vários livros sobre ciência e matemática, aponta um fato interessante na expansão de π e *e*:

O pi segue para sempre...
E o e é tão abominável quanto.
Eu me pergunto:
qual será maior
Quando seus dígitos
se revertem?

Euler (veja na página 66), tão onipresente na matemática quanto o *e*, foi o primeiro a estudar e a usar o símbolo *e* em 1727 (o fato de que se trata da primeira letra de seu nome é mera coincidência). Em seu clássico *Mathematical Recreations and Essays* (1892), W. W. Rouse Ball escreve sobre outra coincidência envolvendo *e*: "Se compararmos dois pacotes de cartas de baralho (uma delas bem embaralhada), tirando carta por carta, qual a probabilidade de que passemos por ambos os baralhos sem encontrar uma coincidência sequer? A resposta é 1/*e* (com uma margem de erro de menos de 10^{-69}, para baralhos de 52 cartas). Muitas pessoas estão preparadas para apostar que não haverá nenhuma coincidência, de modo que um apostador inescrupuloso pode acabar lucrando por saber que *e* > 2".

Veja também Logaritmos (p. 43).

Belas e profundas

Muitas fórmulas e teoremas trazem o nome do prolífico matemático Leonhard Euler. Aqui apresentamos duas fórmulas inteiramente matemáticas e uma, bem, inteiramente debochada.

A fórmula dos poliedros

$$v + f - e = 2$$

Nesta fórmula, v é o número de vértices, f é o número de faces e e é o número de arestas de um poliedro. Em outras palavras, em qualquer poliedro o número de vértices e faces somados resulta em exatamente dois a mais do que o número de arestas. Se você não tem certeza, um poliedro é uma figura sólida, assim como um cubo ou uma pirâmide, com várias faces (veja na página 26). Apliquemos a fórmula ao cubo:

$$8 + 6 - 12 = 2$$

E ao tetraedro:

$$4 + 4 - 6 = 2$$

E ao fulereno (uma forma de carbono recentemente descoberta na qual átomos estão arrumados em pequenas esferas ocas em formato de bola de futebol; suas 32 faces incluem 12 pentágonos e 20 hexágonos):

$$60 + 32 - 90 = 2$$

A fórmula que maravilhou Euler

$$e^{\pi i} + 1 = 0$$

Esta fórmula relaciona e, i, π, 1 e 0 – os cinco números mais importantes na matemática. Conhecida como a identidade de Euler, a fórmula é descrita como a mais bela e profunda afirmação da matemática. Atente que e é a base dos logaritmos naturais veja na página 43), π é um número irracional (na página 84) e i é um número imaginário (veja na página 85).

O verso abaixo escrito por uma mente anônima indica que até mesmo o grande Euler ficou maravilhado com essa relação.

e elevado a π vezes i,
e com mais 1 não te deixa nada,
nem suspiro.

O fato maravilhou Euler
O gênio trabalhador,
E ainda nos faz parar, de quando
em quando.

A fórmula que provou que Deus existe

$a = b^n/n = x$

Euler (1707-1783) é descrito como o matemático mais prolífico da história. Em seus últimos anos, Euler foi convidado por Catarina, a Grande, a morar em São Petersburgo, na Rússia. Quando o filósofo francês Denis Diderot (1713-1784) visitou sua corte, tentou converter os nobres ao ateísmo, e assim Catarina pediu que Euler silenciasse Diderot. O matemático britânico Augustus de Morgan (1806-1871) conta o que aconteceu em seu clássico *Budget of Paradoxes* (1872):

> Diderot soube que um matemático renomado possuía uma demonstração algébrica da existência de Deus, e que a apresentaria diante da corte, caso ele quisesse ouvi-la. Diderot consentiu de bom grado; Euler avançou na direção de Diderot, e disse gravemente em tom de perfeita convicção: Senhor, $a = b^n/n = x$, logo, Deus existe. Responda!

Diderot, que não tinha nenhum conhecimento de matemática, ficou sem fala. Ele pediu a permissão de Catarina para retornar imediatamente à França.

Uma coleção de pontos

Na teoria dos grafos, um grafo é uma coleção de pontos que podem ou não estar conectados um com o outro.

Mais precisamente, na teoria dos grafos, um grafo consiste de um conjunto de vértices (pontos) juntamente de um conjunto de bordas, cada uma delas ligando dois vértices.

Um grafo representa tipicamente a rede de comunicações e relações entre objetos de uma coleção. A internet é um exemplo de um grafo no qual os arquivos são os vértices e os *links* de um a outro são as linhas. O gráfico da "amizade" abaixo mostra relações entre pessoas em uma festa. Se duas pessoas estão unidas por linhas, eles são amigos. A falta de linhas significa que se trata de dois estranhos.

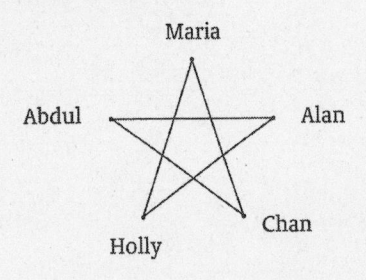

Em 1736, o matemático suíço Leonhard Euler (veja na página 66)

resolveu o problema famoso – e real – das sete pontes de Königsberg por meio da teoria dos grafos. Hoje ele é considerado o fundador da teoria dos grafos, e sua solução é o primeiro teorema da teoria.

Naquela época, Königsberg era uma cidade prussiana próxima ao rio Pregel, que tinha sete pontes. As pessoas da cidade tentaram várias vezes, sem bons resultados, cruzar todas as sete pontes e retornar ao ponto inicial sem atravessar nenhuma ponte duas vezes.

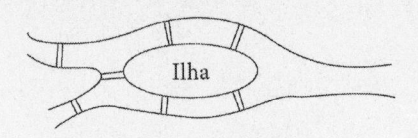

Euler simplificou o problema com uma representação gráfica. Em seu gráfico (veja a seguir), as margens e a ilha foram representados por pontos e as pontes por linhas (B, A e D são margens, C é a ilha e as sete linhas são as pontes).

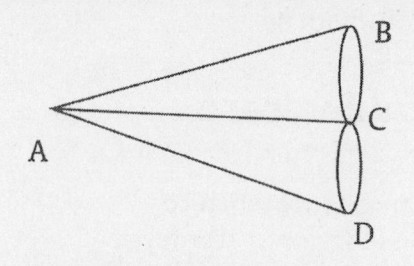

Euler mostrou que era impossível cruzar todas as pontes uma vez e apenas uma vez. Para isso, era necessário que um número par de linhas saísse de cada ponto, exceto pelos dois pontos onde a jornada começa e termina.

Contudo, no gráfico, cada ponto A, B, C e D é ligado aos outros por um número ímpar de linhas. O problema poderia ter sido resolvido se uma ponte fosse removida ou acrescentada, tornando o número de pontes par.

Duas das pontes e muitas outras áreas de Königsberg foram destruídas por bombardeios ingleses durante a Segunda Guerra Mundial. A cidade é hoje parte da Rússia é chama-se Kaliningrado.

A matemática do acaso

A probabilidade é o conceito matemático
que lida com as chances de um evento acontecer.

A história da probabilidade começou na França, no século 17 com Chevalier de Méré, um nobre e apostador, que queria saber como vencer em dois jogos de dados nos cassinos da Europa da época.

O primeiro jogo consistia em jogar o dado quatro vezes, e ele venceria caso um seis aparecesse pelo menos uma vez. O segundo jogo consistia de jogar dois dados 24 vezes, vencendo caso um duplo seis saísse pelo menos uma vez. O grande apostador pensou que as chances de ganhar em ambos os jogos seria a mesma. Porém, quando ele continuou a perder seu dinheiro no segundo jogo, ele perguntou ao amigo matemático Blaise Pascal (veja na página 59) o motivo de sua má sorte.

Pascal escreveu ao colega matemático Pierre de Fermat (veja na página 57) e sua correspondência gerou a teoria da probabilidade. "A teoria que se originou de uma disputa de apostadores é hoje a base de muitos projetos que consideramos mais importantes do que os jogos de azar, incluindo todos os tipos de seguros, estatísticas matemáticas e muito da física moderna", comenta E.T. Bell, o célebre biógrafo dos matemáticos.

Podemos encontrar a probabilidade de um evento simplesmente dividindo o número de possibilidades de o evento acontecer pelo número total de resultados possíveis:

Número de escolhas

———————————

Número total
de resultados possíveis

Esta regra pode ser aplicada a cara e coroa, jogo de dados, cartas de baralho ou números de loteria. Tomemos um exemplo: qual é a probabilidade de se tirar um ás de copas de um deque bem embaralhado de cartas? Há quatro ases em um conjunto de

52 cartas. A probabilidade de se tirar um ás é de 4/52 ou 1/13. A probabilidade de se tirar um ás de copas é de 1/52.

As regras abaixo se aplicam ao combinarmos probabilidades de dois ou mais eventos.

Eventos mutuamente excludentes: Um dado tem seis faces, numeradas de 1 a 6. A probabilidade de que qualquer um desses números apareça é 1/6. Qual seria a probabilidade de sair 3 ou 5? Como 3 e 5 não podem ocorrer juntos, o evento é chamado de mutuamente excludente. Em eventos assim, a probabilidade é calculada somando-se probabilidades individuais.

Portanto, a probabilidade de tirar 3 ou 5 é:

$$1/6 + 1/6 = 1/3$$

Eventos independentes: Quando dois dados são jogados separadamente, o segundo dado não é influenciado pelo que o primeiro faz para decidir seu resultado. Tal evento é chamado de evento independente. Em eventos independentes, a probabilidade é calculada pela multiplicação de probabilidades independentes. Portanto, quando se jogam dois dados separadamente, a probabilidade de se tirar um 6 duplo é de:

$$1/6 \times 1/6 = 1/36$$

Jogue a agulha no chão!

Um experimento antigo que
relaciona probabilidade e π.

O cálculo do valor de π
tem fascinado matemáticos
por milhares de anos (veja
na página 11).

Em 1777, o naturalista e
matemático francês
Georges-Louis Leclerc, o Conde
de Buffon (1707-1788), tentou
um experimento inovador para
determinar o valor de pi. Para o
experimento, ele traçou linhas
paralelas equidistantes em uma
superfície plana horizontal. Ele
então derrubou uma agulha com
comprimento igual à distância
entre as linhas, repetidamente,
sobre a superfície. Se a agulha
cruzasse ou tocasse uma linha, a
jogada era considerada favorável.

Buffon disse que a probabilidade
de uma agulha cruzar ou tocar
a linha era de 2/π. Se a agulha é
jogada aleatoriamente *n* vezes e
ela cruza ou toca *c* vezes, então
2n/c se aproximará de π, se você
continuar a derrubar a agulha.
Quanto mais jogadas, mais perto
o resultado chega de π.

Em 1901, Mario Lazzarini, um
matemático italiano, jogou uma
agulha aleatoriamente 3.408
vezes e observou 1.808 acertos.
A partir destes números, ele
chegou a um valor de 3,1415929
para π, que está correto em seis
casas decimais. Experimentos
similares subsequentes feitos
por outros investigadores
resultaram em valores
menos precisos de π. Alguns
matemáticos hoje suspeitam
de que Lazzarini maquiou seus
resultados!

Veja também Teoria da
probabilidade (p. 70).

Quem quer ser um milionário?

Todo número par maior que 2
é a soma de dois números primos.

Em 1742, o matemático russo Christian Goldbach (1690-1764) propôs a conjectura de que todo número maior que 2 é a soma de dois números primos; por exemplo, 4 = 2 + 2, 6 = 3 + 3, 8 = 3 + 5, 10 = 5 + 5 ou 3 + 7 e 12 = 5 + 7.

Lembre-se de que um número primo é um número inteiro positivo que é divisível apenas por dois números: ele próprio e 1 (veja na página 32). Uma conjectura é um teorema matemático não comprovado. A conjectura de Golbach não funciona com números ímpares; por exemplo, 11 não é a soma de dois números primos.

A conjectura continua sendo um dos problemas não resolvidos da matemática. Ninguém nunca encontrou um número par

que não pudesse ser expresso como a soma de dois números primos. Nos últimos anos, os matemáticos têm usado computadores para testar a conjectura com números cada vez maiores. Até agora eles verificaram a conjectura até o número 6×10^{16}. Porém, isso não significa que ela esteja correta.

Em 2000, os editores ingleses de *Tio Petros e a Conjectura de Goldbach*, o cativante romance de estreia do autor grego Apostolos Doxiadis, ofereceram um prêmio de um milhão de dólares para qualquer um que provasse a conjectura nos dois anos seguintes à publicação do romance. Ninguém mereceu o prêmio. Obviamente, a publicidade que o prêmio gerou aumentou as vendas do livro.

"Qual outro De Moivre"

O teorema de De Moivre relaciona
números complexos e trigonometria.

O teorema, conhecido pelos alunos de trigonometria, foi sugerido por Abraham De Moivre em 1722.

Ele afirma que para qualquer número real x e qualquer número positivo n:

$$(cos\ x + i.sin\ x)^n = cos\ (nx) + i.sin\ (nx)$$

De Moivre nasceu na França em 1667. Sua família mudou-se para a Inglaterra quando ele era um garoto, e ele passou lá o resto de sua vida. Ele estudou matemática sozinho e tornou-se um professor da disciplina. Por acaso, ele encontrou uma cópia de *Principia*, o trabalho monumental de Newton sobre a gravidade, o que gerou seu interesse pela alta matemática. Ele tornou-se um *expert* em *Principia* e correspondeu-se com Newton sobre diversos assuntos.

Há uma história interessante sobre a morte de De Moivre: algumas semanas antes de sua morte, em 27 de novembro de 1754, ele declarou que precisaria de mais vinte minutos de sono a cada dia subsequente. Ele faleceu enquanto dormia depois de 72 dias, quando o tempo adicional de sono que ele acumulara atingiu 24 horas.

A matemática não enriqueceu De Moivre, e ele viveu uma vida comum; entretanto, seu famoso teorema tornou-o imortal. Até mesmo o celebrado poeta inglês Alexander Pope (1658-1744) homenageou-o em seu poema épico *Ensaio sobre o Homem* (1734):

Quem das aranhas assinala as paralelas?
Qual outro De Moivre, sem compasso, ou régua?

O príncipe da matemática

Gauss, juntamente de Arquimedes e Newton, é considerado um dos maiores matemáticos de todos os tempos.

Diz-se de que o matemático alemão Friedrich Gauss (1777-1855) está relacionado com quase tudo que a matemática do século 19 trouxe em termos de ideias científicas originais.

Um gênio versátil, entre outras coisas, Gauss formulou conceitos e métodos sistemáticos e que influenciam amplamente a teoria dos números; também descobriu novos métodos para o cálculo das órbitas dos planetas, satélites, cometas, etc.; também investigou a passagem da luz sobre um sistema de lentes; inventou o heliógrafo, a bússola de inclinação e o magnetômetro; e trabalhou com o físico alemão Wilhelm Weber (1804-1891) com magnetismo terrestre e eletromagnetismo. O título *mathematicorum princeps* (o príncipe da matemática) a ele concedido por seus contemporâneos revelou-se adequado.

Gauss era um *wunderkind* (menino prodígio), um Mozart da matemática. Em um sábado de 1779, antes mesmo de completar três anos, ele observava seu pai calculando seus pagamentos semanais para os empregados a seu serviço. Seu pai fazia em uma folha longos cálculos, e ficou chocado em ouvir o menininho dizer: "Papai, o cálculo está errado". A conferência dos números indicou que seu *wunderkind* estava certo.

Um dia, em sua aula de aritmética, por volta dos dez anos de idade, o professor pediu que a turma somasse todos os números de 1 a 100. O professor mal acabara de explicar o problema, quando Gauss, de acordo com o costume da escola, pôs sua folha sobre a mesa do professor. "Lá está", exclamou o professor. Ele criara a pergunta para manter os alunos ocupados, ele próprio desconhecendo a resposta. Quando terminou de analisar a resposta, ele viu que a folha de Gauss tinha apenas um número escrito: 5050, a resposta correta. (Veja abaixo como Gauss chegou ao resultado).

Aos 21 anos, em 1798, ele escreveu sua primeira obra-prima, *Pesquisas aritméticas*, em que fundou a teoria moderna dos números (veja na página 77).

A teoria dos números, para ele, era de vital importância para a matemática.

"A matemática", ele afirmou certa vez, "é a rainha de todas as ciências, e a teoria dos números é a rainha da matemática". Não foi apenas na teoria dos números que Gauss deixou sua marca. "Ele vive em tudo da matemática", comenta E. T. Bell, o historiador dos matemáticos.

Escreva os números de 1 a 100 duas vezes, da seguinte forma:

$$1 + 2 + 3 + \ldots 98 + 99 + 100$$
$$100 + 99 + 98 + \ldots 3 + 2 + 1$$

Some as duas linhas, coluna por coluna:

$$101 + 101 + 101 + \ldots$$
$$101 + 101 + 101$$

Temos o número 101 escrito 100 vezes, ou:

$$101 \times 100 = 10100$$

Portanto, a soma dos números de 1 a 100 será metade de 10100, ou 5050.

Contudo, Gauss não usou este método para chegar a sua resposta. Ele usou a fórmula $n(n + 1)/2$, na qual n pode ser qualquer número, não apenas 100. Podemos chegar a esta fórmula a partir da soma dos números de 1 a 100, ou de 1 a n, em ordem crescente ou decrescente. Ao somarmos as duas linhas, coluna por coluna, temos o número $n + 1$, sendo que sua metade gera o resultado. A única coisa que o *wunderkind* fez foi encontrar o valor de $100(100 + 1)$ e dividir por dois.

Aritmética para cientistas

A teoria dos números lida com propriedades dos números inteiros positivos ou dos números naturais (1, 2, 3, 4, 5...).

Chamada às vezes de "alta matemática", a teoria dos números é um dos ramos mais antigos e mais abrangentes da matemática.

A teoria dos números é complexa, e é difícil provar resultados simples. Este aspecto da teoria dos números inspirou Gauss (veja na página 75) a comentar que "é isto, e apenas isto, que dá à alta matemática o encanto que faz com que ela seja a ciência favorita dos melhores matemáticos, sem mencionar sua riqueza inexaurível, que ultrapassa qualquer outra parte da matemática".

Essa "riqueza inexaurível" que Gauss menciona inclui, em teoria básica dos números (outras áreas estão fora do escopo deste livro), os números primos (veja na página 32), a sequência de Fibonacci (veja na página 40), o último teorema de Fermat (veja na página 57) e a conjectura de Goldbach (veja na página 73).

Ainda que a teoria moderna dos números tenha seu começo nos trabalhos de Gauss, muitos matemáticos da Grécia Antiga, especialmente Diofanto (veja na página 49), lidaram com equações do tipo $ax + by = 1$ e $x^n + y^n = z^n$, onde as variáveis só podiam ser inteiras.

"Demasiado prontos a desistir do sucesso"

A teoria dos conjuntos é uma das maiores conquistas da matemática moderna.

Um conjunto é uma coleção de objetos ou coisas distintas. Cada item em um conjunto é chamado de um elemento ou membro. Os elementos podem ser matemáticos (3, 6, 9, 12... é o conjunto de múltiplos de 3) ou não matemáticos (João, Maria, José, todos com mais de 1,80 m, são membros de um conjunto de "pessoas altas").

Um conjunto é normalmente simbolizado por uma letra maiúscula e seus elementos estão listados entre duas chaves { }; por exemplo, E = {números pares}. Um conjunto vazio ou nulo não possui membros (por exemplo, o número de pessoas que visitaram Marte). Conjuntos dentro de conjuntos são chamados de subconjuntos.

O matemático alemão Georg Cantor (1845-1918) foi o fundador da teoria dos conjuntos. Ele foi o primeiro matemático a dizer que o infinito não é apenas um conceito abstrato, mas uma entidade real. Cantor tinha apenas vinte e nove anos quando publicou seu primeiro artigo sobre conjuntos infinitos, no qual rejeitou o conceito aceito na época de que o conjunto de todos os inteiros ou números naturais (1, 2, 3...) era o dobro do conjunto de números pares (2, 4 ,6...). Cantor usou o conceito de pareamento ao invés do conceito cotidiano de "tanto quanto". Ele colocou os dois conjuntos em correspondência um a um para mostrar que o conjunto de números pares possui um elemento que pode ser associado com cada elemento do conjunto dos inteiros. Isso fez com que ele percebesse que havia diferentes "ordens" de infinito.

"Talvez o assunto pareça muito difícil, também por não ser tão conhecido (iniciantes estão, via de regra, demasiado prontos a desistir do sucesso)". Quando ele escreveu estas palavras, talvez estivesse pensando em nós, meros mortais, que temos pavor da matemática.

Veja também Os diagramas de Venn (p. 80).

"Antes que possamos criar, devemos entender"

Todo número inteiro positivo é a soma de, no máximo, quatro quadrados.

Na *Aritmética* de Diofanto (veja na página 49), vemos uma conjectura que diz que todo número inteiro é um quadrado em si mesmo ou a soma de dois, três ou quatro quadrados.

Nunca são necessários mais de quatro quadrados para expressar qualquer número, independente de seu tamanho. Por exemplo:

$$23 = 3^2 + 3^2 + 2^2 + 1^2$$
$$31 = 5^2 + 2^2 + 1^2 + 1^2$$
$$97 = 8^2 + 5^2 + 2^2 + 2^2$$

Diofanto não forneceu uma prova para a conjectura. A primeira prova veio em 1770 do matemático francês nascido na Itália Joseph-Louis Lagrange (1736-1813). Devido a essa prova, a conjectura é conhecida hoje como o teorema dos quatro quadrados de Lagrange.

Lagrange deu contribuições para várias áreas da matemática, incluindo cálculo, teoria dos números, probabilidade e álgebra. Ele é um dos 72 cientistas e outras pessoas notáveis cujos nomes são homenageados na Torre Eiffel. Os nomes aparecem em letras de 60 cm, em placas afixadas permanentemente aos lados da torre, logo abaixo da primeira plataforma, com 18 nomes por lado. Lagrange comentou certa vez: "Antes que tomemos o mar, devemos dominar a terra. Antes que possamos criar, devemos entender", o que é a pura verdade!

Os círculos imortais do Sr. Venn

Um diagrama de Venn mostra as relações entre conjuntos usando círculos que se sobrepõem.

O diagrama de Venn abaixo mostra dois conjuntos extraídos do conjunto de números inteiros de 1 a 10: o conjunto A contém números ímpares, 1, 3, 5, 7, 9, e o conjunto B contém os números 6, 7, 8, 9, 10.

Os números no círculo da esquerda são o conjunto A, enquanto os números no círculo da direita são o conjunto B. A secção central contém os números 7 e 9, que aparecem em ambos os conjuntos. Os números 2 e 4 ficam de fora dos dois círculos, por não estarem em nenhum dos conjuntos.

Diagramas similares foram usados por matemáticos famosos, como Gottfried Leibniz (veja na página 60) e Leonard Euler (veja na página 66), mas eles são conhecidos hoje como diagramas de Venn por causa de um especialista em lógica inglês chamado John Venn (1834-1923), que estendeu o uso dos diagramas para a visualização de relações lógicas complexas; esta única contribuição tornou Venn imortal, tal é a reviravolta da História.

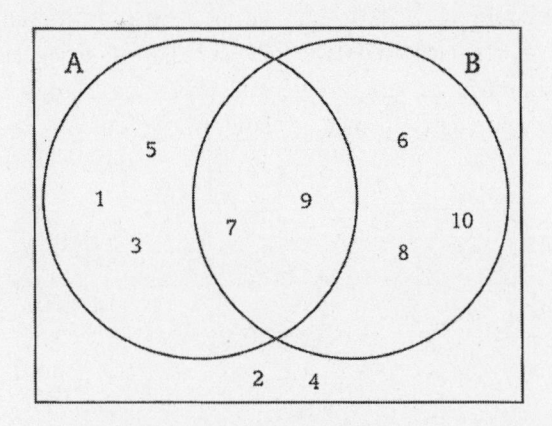

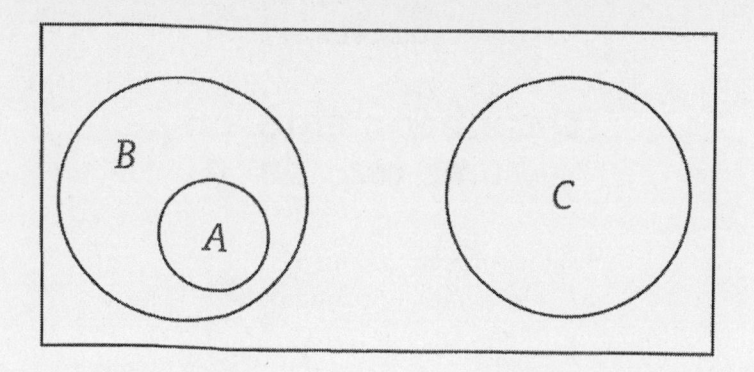

Os diagramas de Venn também podem ser usados para mostrar a validade de um argumento lógico. Por exemplo, tomemos a seguinte linha de raciocínio: todos os albatrozes (A) são pássaros (B). Nenhum camelo (C) é pássaro. Portanto, nenhum camelo (C) será um albatroz (A). A conclusão fica evidente quando se examina o diagrama acima.

O conhecimento em uma cápsula

Uma equação é uma afirmação matemática de igualdade.

As equações são representações simbólicas do que sabemos sobre nosso mundo físico.

Elas não são ideias isoladas; são apenas os símbolos que representam ideias, mas chegam a ser parte importante do nosso conhecimento. Equações, em matemática pura, não se aplicam ao mundo real, porém no mundo físico elas podem conectar quantidades físicas.

A palavra equação vem do latim *aequare*, que significa "tornar igual". Em uma relação de equação entre variáveis (desconhecidas), usamos o sinal de igual "=". Uma equação pode também conter constantes (conhecidas), como na equação mais famosa do mundo, $E = mc^2$, que mostra que energia (E) e massa (m) são mutuamente conversíveis sob certas circunstâncias. Nessa equação, E e m são variáveis e c (a velocidade da luz) é uma constante. Essa equação é uma consequência da teoria da relatividade restrita de Einstein (1905).

Se você odeia equações, você não está sozinho. Stephen Hawking escreve em *Uma breve história do tempo* (1988): "Alguém me disse que cada equação que eu incluísse no livro faria as vendas caírem pela metade. Portanto eu resolvi não colocar nenhuma equação na obra. No final, entretanto, cheguei a inserir uma equação, a mais famosa de Einstein, $E = mc^2$. Espero que isso não assuste meus leitores em potencial". E não assustou: o livro tornou-se o livro científico mais popular da nossa era.

"Cinco em cada quatro pessoas não entendem frações"

Todos os anos, o jornal *Washington Post* publica uma lista de suas frases de camiseta favoritas. Essa está na lista de 2001.

A palavra "fração" significa a parte de um todo.

Em matemática, a fração é um número composto da razão de dois números inteiros. O número de cima é chamado de numerador, e o de baixo é o denominador. Os dois números são separados por "/" ou por "—". Por exemplo, na fração 2/3, 2 é o numerador e 3 o denominador. O numerador de uma fração pode ser zero; esta fração será sempre igual a zero. Contudo, você não pode ter zero como denominador; o resultado é um número indefinido (veja na página 9).

Frações possuem algumas propriedades: se o numerador for menor que o denominador (como em 2/7), a fração é chamada própria. Uma fração torna-se imprópria quando o numerador é maior que o denominador (como em 9/4). Uma fração simples, em que o numerador e o denominador sejam inteiros, é chamada de uma fração vulgar ou comum ("vulgar" aqui provém do latim *vulgaris*, "as pessoas comuns"). Por esta definição, 2/7 e 9/4 são frações vulgares.

Temos certeza de que se você acompanhou atentamente esta breve lição sobre frações, você não fará parte das "cinco em cada quatro" pessoas que não entendem frações. E se você quer um pouco de filosofia sobre frações, então preste atenção a Harry Emerson Fosdick (1878-1969), um pastor americano e escritor: "...quando a vida deixa de ser uma fração e torna-se um inteiro".

Um número irracional

Diz-se que um número é a raiz quadrada de outro número caso, ao ser multiplicado por si próprio, resulte no outro número.

Assim, 2 é a raiz quadrada de 4 porque $2 \times 2 = 4$. Contudo, por esta definição, a raiz quadrada de 2 não existe. Se pegarmos qualquer número real e o elevarmos ao quadrado, nunca teremos 2. A raiz quadrada de 2 é mostrada abaixo como um número decimal que segue indefinidamente, e não há padrão para sua sequência decimal.

$\sqrt{2} = 1,4142135623...$

Se multiplicarmos o número acima não teremos 2, mas continuaremos chegando perto dele conforme acrescentarmos mais dígitos ao número decimal acima. Por esse motivo, a raiz quadrada de 2 é um número irracional. Um número é chamado de racional se ele puder ser escrito como uma fração a/b, onde a e b sejam ambos números inteiros. Todos os números racionais são reais. Suas sequências decimais se repetem, enquanto números decimais cujas sequências não se repetem são irracionais.

A raiz quadrada de 2 é o número irracional mais antigo. Os antigos gregos descobriram que a diagonal de um quadrado cujos lados tivessem uma unidade de comprimento não podia ser racional. De acordo com o teorema de Pitágoras, o comprimento da diagonal é igual à raiz quadrada de 2; assim, falamos de um número irracional.

Christoff Rudolf (1499-1545), um matemático alemão, foi o primeiro a usar o símbolo da raiz quadrada em seu livro, *Coss*, um livro de aritmética impresso em Strasburg em 1525. Ele provavelmente derivou o símbolo da letra r, a inicial da palavra latina *radix*, que significa "raiz".

O dilema de Cardano

Os números imaginários são todos os múltiplos diferentes de zero (que sejam números reais) da raiz quadrada de –1.

A maioria dos números que usamos em nossa vida cotidiana – números positivos, negativos e o zero – são números reais.

Quando elevamos ao quadrado um número positivo ou negativo, o resultado é sempre um número positivo. Para elevar um número ao quadrado e conseguir um número negativo, os matemáticos inventaram números imaginários; por exemplo, o número $\sqrt{-9}$ (a raiz quadrada de menos nove) não existe, já que nenhum número real pode ter o número negativo –9 como sua segunda potência. O número imaginário mais simples é a raiz quadrada de –1; ele até recebeu um símbolo especial, i.

$$i = \sqrt{-1}$$

Os números imaginários foram estudados pela primeira vez pelo físico e matemático Girolamo Cardano (1501-1576). Em 1545, ele publicou seu principal trabalho matemático, *Ars magna*, no qual apresentou a fórmula para resolver equações cúbicas. Contudo, ele enfrentou um problema ao tentar resolver a equação cúbica $x^3 - 15x - 4 = 0$. Ele sabia que a equação tinha $x = 4$ como uma das soluções, mas sua fórmula oferecia uma resposta que envolvia a raiz quadrada de um número negativo. Portanto, ele decidiu aceitar a existência de tais números, que hoje são conhecidos como números imaginários. Números que possuam uma parte real e uma imaginária são chamados de números complexos. Os números complexos são usados em fórmulas para correntes alternadas (CA), fluxo de ar sobre asas de aviões, entre várias outras aplicações da engenharia.

Álgebra do 1 e do 0

A álgebra booleana é um conjunto de regras, leis e teoremas por meio dos quais operações lógicas podem ser expressas e resolvidas de forma similar à álgebra comum.

George Boole (1815-1864), um matemático britânico autodidata, é o fundador da álgebra booleana. Em 1854, ele publicou sua obra-prima, *An Investigation into the Laws of Thought*, na qual ele reduziu a lógica a simples álgebra.

"O sistema booleano de lógica é apenas uma de várias provas do que é a genialidade combinada com a paciência", comentou sobre o livro o notável matemático britânico Augustus de Morgan (1806-1871).

A importância do trabalho de Boole foi reconhecida quando foram construídos os primeiros computadores digitais. Eles falam a linguagem de 0 e 1, uma linguagem inventada por Boole. A aplicação mais importante da álgebra booleana é nos circuitos de computador e nos mecanismos de busca da internet. Todos os circuitos computacionais funcionam em um de dois estados: ligado ou desligado, que podem ser representados respectivamente por 1 ou 0. Estes dois dígitos são os tijolos do código binário usado para instruções na programação de computadores. Curiosamente, um expert desconhecido comentou que no sistema binário contamos com os punhos em vez dos dedos.

Três das leis básicas da álgebra booleana, as leis associativa, comutativa e distributiva, são as mesmas da álgebra comum (veja na página 51), e três das operações booleanas básicas são chamadas E, OU e NÃO. A operação E combina dois valores de entrada (1 ou 0), de tal forma que a saída seja 1 se as duas entradas forem 1, sendo 0 caso contrário. Por exemplo, 1 E 0 = 0, mas 1 E 1 = 1. A operação OU combina dois valores de entrada, de tal forma que temos 1 na saída sempre que um dos valores de entrada for 1. Por exemplo, 0 OU 1 = 1, mas 0 OU 0 = 0. A operação NÃO faz com que a saída seja sempre o inverso da entrada. Por exemplo, NÃO 0 = 1 e NÃO 1 = 0.

"Cálculo errôneo"

A Máquina Analítica de Babbage foi o
protótipo do computador digital moderno.

Charles Babbage (1791-1871), um matemático, engenheiro e inventor inglês passou a maior parte da sua vida construindo máquinas que fariam operações matemáticas e processariam e imprimiriam tabelas matemáticas e navegacionais.

De 1819 a 1822, ele trabalhou em uma máquina que chamou de Máquina Diferencial. Feita com rodas dentadas sobre plataformas ligadas por uma alavanca, ela era capaz de calcular termos sucessivos da sequência $n^2 + n + 41$. Ele anunciou sua invenção em um artigo chamado "Nota sobre a aplicação de maquinário à computação de tabelas astronômicas e matemáticas", que foi lido em um encontro da Sociedade Real de Astronomia em 1822. Ele recebeu uma medalha de ouro pela conquista.

Ele sempre se encantava em mostrar sua Máquina Diferencial a seus convidados. Certa vez, uma mulher perguntou a ele:

"Se você inserir o dado errado, será que sairia a resposta certa?". A história não tem registros da resposta de Babbage, mas em computação moderna, os programadores estão bem familiarizados com a situação. Eles a chamam de GIGO, da sigla em inglês, *garbage in, garbage out*, que pode ser lida como "entra lixo, sai lixo".

Em 1824, Babbage voltou sua atenção para uma máquina muito mais grandiosa, a Máquina Analítica, capaz de fazer qualquer operação matemática. Ainda que ele tenha preparado desenhos detalhados para milhares de partes, apenas algumas delas foram construídas. O nível de tecnologia da época o impediu de completar a máquina, que dependia de partes mecânicas precisas e cartões perfurados. A máquina, de forma semelhante a um computador moderno, possuía um armazenamento separado (memória) para mil números de cinquenta dígitos e um "moinho" para trabalhar com eles usando tabelas de sua própria biblioteca (unidade aritmética), e um sistema de cartões perfurados para especificar a sequência de instruções (dado de entrada) e para obter resultados (dados de saída). Uma estrutura lógica semelhante é usada em computadores modernos.

Após a sua morte, a Associação Britânica para o Avanço da Ciência estabeleceu um comitê para diagnosticar se o projeto de Babbage seria factível. O comitê alegou que "uma realização bem sucedida poderia marcar época na história da computação de forma igualmente memorável à introdução do logaritmo". Que eufemismo!

Certa vez, Babbage mandou uma carta ao poeta inglês Lorde Alfred Tennyson (1809-1892), sobre dois versos de *The Vision of Sin*, de 1869:

A cada minuto morre um homem,
A cada minuto nasce outro

Ele escreveu:

Eu acredito que não precise mostrar ao senhor que este cálculo tenderia a manter a soma da população mundial em um estado de total equilíbrio, ao passo que é de conhecimento geral que a soma total cresce constantemente. Portanto, eu tomaria a liberdade de sugerir que na próxima edição de seu excelente poema, o cálculo errôneo ao qual me refiro fosse corrigido da seguinte forma:

A cada minuto
morre um homem,
Nascendo então
um e um sexto.

Devo acrescentar que os dados exatos são de 1,167, mas algo deve, obviamente, ser concedido às leis da métrica.

Veja também Ada Lovelace (p. 89).

Ada Lovelace

"A encantadora dos números"

Lovelace escreveu o primeiro programa de computador, mas ele não teve nenhum efeito direto no desenvolvimento da programação de computadores modernos.

Senhor Função Alfabeto,
cavaleiro muito renomado,
Que ganhou pouco crédito
em território clássico,
Foi pelo mundo
a tentar sua sorte,
Mas nada além de x, v e y
viu em seu caminho.

Charles Babbage

O Senhor Função Alfabeto não era ninguém menos do que Charles Babbage (veja na página 87). Em seus últimos anos, ele criou o pseudônimo para si próprio.

Babbage conheceu Ada Lovelace (1815-1852), filha do poeta Lorde Byron, quando ela tinha 17 anos, e os dois iniciaram uma correspondência que durou o resto de suas vidas sobre matemática e lógica.

Em 1842, Luigi Menabrea, um jovem engenheiro (que posteriormente tornou-se primeiro ministro italiano) publicou um artigo sobre a Máquina Analítica de Babbage. Babbage pediu para Lovelace, a quem costumava chamar de "encantadora de números", traduzir a edição francesa de seu artigo para o inglês. Ela não apenas traduziu o artigo, como também acrescentou uma série de anotações que acabaram por aumentar em três vezes o comprimento do artigo original.

Nessas notas, que são a fonte de sua fama duradoura como a primeira programadora de computador, ela definiu os primeiros conceitos fundamentais da programação, e escreveu instruções para programar os cálculos dos números de Bernoulli (veja na página 64).

"A característica distintiva da Máquina Analítica, e o que tornou possível que o mecanismo manipulasse faculdades tão extensivas mostram como ele deve ser o principal instrumento da álgebra abstrata... Podemos dizer com mais precisão que a Máquina Analítica lida com padrões algébricos, assim como a máquina de tecer trança flores e folhas", escreveu ela em suas anotações *"Observações sobre A Máquina Analítica do Sr. Babbage"*, que foi publicado em 1843 sob o pseudônimo de A. A. L.

A joia da matemática

Uma prova extraordinária de um problema
antigo por um gênio de 22 anos.

Se você estudou matemática no ensino médio, você pode ter ouvido falar sobre as equações quadráticas da forma $ax^2 + bx + c = 0$, na qual x é uma variável e possui duas soluções, ou raízes.

Se x for elevado à terceira potência, temos uma equação cúbica da forma $ax^3 + bx^2 + cx + d = 0$. Semelhantemente, existem equações de graus mais elevados: equações que envolvam x^4, ou que envolvam x^5, e assim por diante.

Matemáticos dizem que tais equações podem ser "resolvidas em radicais", que significam qualquer raiz, como a raiz quadrada para equações quadráticas, uma raiz cúbica para equações cúbicas, e assim por diante.

As raízes de equações quadráticas, cúbicas e quárticas podem ser encontradas em fórmulas algébricas que são conhecidas há séculos, mas matemáticos têm lutado por quase três séculos para elaborar uma solução algébrica semelhante para equações de quinto grau. Em 1824, um jovem matemático noruguês chamado Niels Henrik Abel (1802-1829) provou que não existem radicais para equações de quinto grau ou maior. Ele provou a impossibilidade por meio do método lógico conhecido como *reductio ad absurdum* (do latim "reduzir ao absurdo"). Trata-se de um método de prova no qual você começa afirmando uma proposta e em seguida mostrando que ela resulta em uma contradição. Abel supôs que a equação de quinto grau podia ser resolvida e então mostrou que essa hipótese resulta em uma contradição lógica.

Abel morreu aos 26 anos apenas, mas em sua vida excessivamente curta ele fez grandes contribuições para a matemática. Diz-se que ele "deixou algo para ocupar os matemáticos por quinhentos anos". Em 2002, a Academia Norueguesa de Ciência e Letras estabeleceu o Prêmio Abel para trabalhos excelentes em matemática. O prêmio anual é anunciado de maneira similar ao Nobel pelo rei da Noruega.

Veja também A teoria de Galois (p. 92).

Uma sacada de gênio

A teoria de Galois, cuja maior parte foi escrita febrilmente por um gênio de 20 anos na véspera de sua morte, revolucionou a álgebra.

Abel mostrou que não há fórmula que funcione para as equações de quinto grau ou de ordem superior (veja na página 91).

Entretanto, algumas equações podem ser resolvidas por raízes, enquanto outras não podem. Como podemos determinar se uma equação de quinto grau ou maior pode ser resolvida usando-se fórmula? Um jovem matemático francês chamado Évariste Galois (1811-1832) buscou a resposta. No processo ele acabou virando a álgebra de ponta-cabeça, de acordo com Mario Livio em *A equação que ninguém conseguia resolver* (2005).

Se quisermos saber se uma equação pode ser resolvida ou não, devemos tentar resolvê-la. Galois rejeitou o método mais demorado; ao invés disso, ele olhou para as "formas" ou simetrias algébricas da equação para encontrar uma resposta. Ele associou cada equação com um tipo de propriedade genérica – hoje conhecida como grupo de Galois – e então os usou para determinar se uma dita equação pode ser resolvida ou não. Essa teoria brilhante e complexa firmou uma das base da teoria dos grupos, que tem importância fundamental em todas as áreas da matemática.

Aos 20 anos de idade, Galois foi desafiado pelo noivo de uma garota pela qual ele se apaixonara. Durante o duelo ele foi baleado no abdômen e morreu na manhã seguinte. Durante as últimas horas de sua vida, ele escreveu febrilmente o manuscrito de sua teoria, com comentários, chegando a parar para escrever nas margens *Je n'ai pas le temps* ("Eu não tenho tempo"), uma das citações mais memoráveis na história da matemática. "O que ele escreveu nessas horas de desespero antes do amanhecer deverá manter matemáticos ocupados por centenas de anos", comenta E. T. Bell, o célebre historiador dos matemáticos.

As aulas de matemática de Alice

Os livros imortais de Alice, *Alice no País das Maravilhas* (1865) e *Alice no País dos Espelhos* (1872) são repletos de jogos de palavras e piadas matemáticas, enigmas e charadas.

Alice encontra a Tartaruga Falsa e o Grifo e fala sobre a escola com eles:

"E quantas horas por dia você passa estudando?", disse Alice, com pressa de mudar de assunto.

"Dez horas no primeiro dia", disse a Tartaruga Falsa. "Nove no segundo, e assim por diante."

"Que plano curioso!", exclamou Alice.

"É por isso que se chamam lições", comentou o Grifo, "porque elas vão diminuindo de um dia para o outro".

Essa era uma ideia muito nova para Alice, e ela pensou um pouco sobre isso antes de seu próximo comentário, "Então o décimo primeiro dia com certeza é um feriado?".

"Claro que sim", disse a Tartaruga Falsa.

"E como você faz no décimo segundo?", Alice continuou ansiosamente.

"Já é o bastante sobre essas lições", o Grifo interrompeu em tom muito decidido.

Por que o Grifo não gostava de falar sobre o décimo segundo dia? Talvez ele não conhecesse números negativos ou números menores que zero.

Os antigos matemáticos não sabiam deles também. Números negativos aparecem pela primeira vez nos trabalhos do matemático indiano Brahmagupta em 628. O matemático francês Blaise Pascal, famoso por seu trabalho com probabilidade (veja na página 70), estava convencido de que tais números não existiam. Muitos outros matemáticos contemporâneos também os consideravam ridículos. Mesmo assim, no século 18, os números negativos se tornaram parte integrante da álgebra.

Charles Letwidge Dodgson (1832-1898), que lecionou matemática na Faculdade de

Christ Church, em Oxford, escreveu os livros de Alice sob o pseudônimo de Lewis Carroll. O primeiro livro começou como uma história contada para Alice, Lorina e Edith, as filhas de Henry George Lidell, o reitor da faculdade, durante uma tarde de remo no rio Tâmisa.

Em *Alice no País das Maravilhas*, quando Alice desce no buraco do coelho, ela começa a recitar várias coisas para se assegurar de que ela ainda era Alice:

> Eu vou tentar saber tudo que costumava saber.

> Vejamos: quatro vezes cinco é doze, e quatro vezes seis é treze, e quatro vezes sete é...

> Minha nossa!

> Nunca vou chegar a vinte neste ritmo!

Por que Alice nunca chegará a vinte? Aqui Lewis Carroll está brincando com bases numéricas. Cada produto da tabela de multiplicação de Alice está em uma base diferente. Contamos na base 10 (sistema decimal), computadores usam base 2 (binário). Programadores de computador também usam a base 16, o sistema hexadecimal, que usa dígitos de 0 a 9 e letras A a F. Vejamos a tabela de multiplicação de Alice em bases diferentes:

4 x 5 = 12 (base 18)

4 x 6 = 13 (base 21)

4 x 7 = 14 (base 24)

4 x 8 = 15 (base 27)

4 x 9 = 16 (base 30)

4 x 10 = 17 (base 33)

4 x 11 = 18 (base 36)

4 x 12 = 19* (base 39)

4 x 13 = 1# (base 42)

4 x 14 = 1@ (base 45)

*(em 19, 9 significa 9 unidades; semelhantemente, # significa 10 unidades e @ 11 unidades. 1# é igual a 52 na base 10)

Minha nossa! A tabela elegante de Alice nunca chegará ao vinte mesmo.

Veja também Números cíclicos (p. 131).

Pintando com números

Quatro é o número mínimo de cores necessárias para colorir qualquer mapa de modo que duas regiões adjacentes não tenham a mesma cor.

Em 1852, um jovem formado em Direito pela Universidade de Londres chamado Francis Guthrie (1831-1899) estava colorindo um mapa dos condados da Inglaterra, quando o problema das quatro cores lhe passou pela cabeça.

Ele mencionou o problema para seu irmão Frederick, que na época era aluno da mesma instituição. Frederick não pôde resolver o problema e pediu a seu professor de matemática, Augustus De Morgan (1806-1871), que o ajudasse. De Morgan, famoso por seu teorema sobre lógica, também foi incapaz de encontrar uma solução. O problema apareceu pela primeira vez em *Proceedings of the London Mathematical Society*, em 1878. O mapa, neste problema, é um arranjo das regiões, seja em superfície plana ou esférica.

O problema ocupou matemáticos por quase um século. Todos imaginaram que poderiam facilmente resolver o problema, que é compreensível até mesmo por um aluno do ensino fundamental, porém falharam terrivelmente. Em 1977, um supercomputador da Universidade de Illinois levou 1.200 horas para resolver o problema, que é hoje conhecido como o teorema das quatro cores.

Dez viajantes cansados e com dor no pé

Como este esperto dono de hospedaria conseguiu
acomodar dez hóspedes em nove quartos
individuais com cada hóspede em um?

Dez viajantes cansados
E com dor no pé,
Em uma busca dolorosa,
Buscaram abrigo em uma
Hospedaria
Em uma noite escura
E tempestuosa.

"Nove quartos, nada mais",
Disse o dono do lugar
"Posso lhes oferecer
Para oito, uma cama de solteiro,
Mas a nona deve abrigar dois."

Surgiu ampla comoção.
O dono, preocupado,
Podia apenas coçar a cabeça,
Pois daquele grupo,
Dois não podiam
Ocupar a mesma cama.

O dono confuso logo relaxou –
Ele era um homem esperto –
E para agradar os clientes, criou
Um plano engenhoso.

Num quarto dito A,
Foram postos dois viajantes,
O terceiro, alocado em B,

O quarto em C
foi então alocado,
O quinto retirou-se para o D.

E em E o sexto foi alojado,
Em F assim, o sétimo.
Oitavo e nono postos em G e H,
Correndo depois para A,

Na qual o dono, como eu disse,
Pusera dois viajantes.
Tirando então um –
O décimo e último –
Acomodou-o com conforto em I.

Nove quartos de solteiro –
Um para cada –
Serviram então para dez.
E isso me confunde, assim
Como a vários homens sábios.

Este enigma clássico – publicado pela primeira vez em *Current Literature*, em abril de 1889, pode parecer intrigante, mas sua resposta (veja na página 165) é surpreendentemente simples.

Em matemática, um paradoxo é uma afirmação ou proposição

que soa razoável, mas leva a uma conclusão contraditória. Uma falácia matemática, por outro lado, é uma afirmação ou proposição que leva a um resultado falso ou absurdo, devido a um raciocínio inadequado. Ainda que conheçamos este enigma como o paradoxo dos nove quartos, não se trata realmente de um paradoxo, e sim de uma falácia.

Sem prova surpresa!

Uma professora diz a sua turma que em algum dia
da semana seguinte haverá uma prova surpresa.
Por que ela é incapaz de dar uma prova surpresa?

Este paradoxo, mais conhecido como o paradoxo da previsão ou o paradoxo do enforcamento inesperado, tem sua origem em um episódio ocorrido durante a Segunda Guerra Mundial.

O Serviço de Informação Sueco anunciou que um exercício de defesa civil aconteceria em um dia da semana seguinte. Para garantir que todas as unidades de defesa estivessem preparadas adequadamente, ninguém poderia saber de antemão qual seria o dia exato do exercício. Lennart Ekbom, um professor de matemática da Faculdade de Ostermalms, em Estocolmo, percebeu imediatamente que o anúncio envolvia um paradoxo lógico e discutiu-o com seus alunos.

O paradoxo apareceu pela primeira vez em um livro em 1948, em um artigo do filósofo britânico D.J. O' Connor, na revista *Mind* (vol. LVII, páginas 358-359). Ao longo dos anos, o paradoxo gerou zilhões de artigos em jornais consagrados, sem produzir nada que sequer lembrasse um consenso a respeito da solução correta.

Vamos descobrir o motivo. A prova surpresa não pode ser na sexta-feira, porque na quinta-feira à noite todos estarão esperando que ela aconteça no dia seguinte, já que eles não fizeram a prova durante o resto da semana. Uma prova na sexta-feira não é uma prova surpresa. Como os alunos sabem que a prova não será na sexta, ela teria que ser entre segunda e quinta-feira. Mas ela não pode também ser na quinta-feira, pois na quarta-feira à noite os alunos já saberiam que a prova seria quinta ou sexta; novamente, não há surpresa. Se continuarmos com esse raciocínio, quarta-feira, terça-feira e segunda-feira também estão fora da disputa. Assim, a professora não pode dar uma prova surpresa.

Claro, na verdade, ela pode dar uma prova surpresa.

Qual é o truque?

Um fenômeno geométrico impressionante ocorre quando formamos um quadrado usando a soma de dois números de Fibonacci consecutivos como comprimentos dos lados.

O quadrado abaixo foi formado usando a soma de dois números de Fibonacci consecutivos (veja na página 40), 3 e 5, ou seja, 8. Sua área é de 8 x 8 = 64 unidades. Se você cortá-lo em quatro partes como mostramos abaixo, você pode rearranjá-los em um retângulo com uma área de 13 x 5 = 65 unidades. Você transformou 64 unidades em 65 unidades. Qual é o truque?

É difícil perceber, mas a diagonal do retângulo não é uma linha reta. Ela tem uma distorção no meio; trata-se, de fato, de um paralelogramo com área de 1 unidade. Você pode tentar este truque com a soma de quaisquer dois números de Fibonacci consecutivos, por exemplo, 5 e 8, para formar um quadrado de 13 x 13. A discrepância de 1 unidade se alterna entre o quadrado e o retângulo, dependendo de quais números consecutivos são usados.

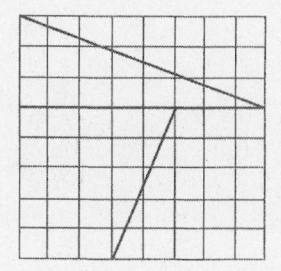
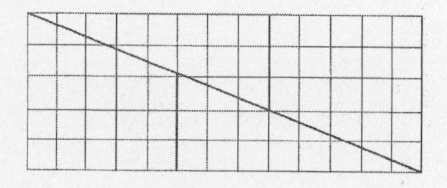

Como provar que você é o papa

Usando a matemática para atingir
um resultado absurdo.

Esta história sobre o matemático e filósofo britânico Bertrand Russel (veja na página 114) é provavelmente questionável, mas vale a pena ser contada. Russel alegou certa vez que, dado que $1 + 1 = 1$, ele poderia provar qualquer outra afirmação.

Um dia alguém disse a ele: "Ok, prove que você é o papa". Russel pensou por um momento e então disse, "Sou um. O papa é um. Logo, eu e o papa somos um".

Vamos provar que $1 + 1 = 1$.
Se $a = b$
Então $a^2 = ab$
$a^2 + a^2 = a^2 + ab$
$2a^2 = a^2 + ab$

Subtraia $2ab$ de cada lado
$2a^2 - 2ab = a^2 + ab - 2ab$
$= a^2 - ab$
$2(a^2 - ab) = 1(a^2 - ab)$

Divida ambos os lados por $(a^2 - ab)$
$2 = 1$
Ou $1 + 1 = 1$

Veja esta soma:
$2 - 2 = 1 - 1$
$2(1 - 1) = 1 - 1$

Divida os dois lados por $(1 - 1)$
$2 = 1$

...e assim por diante, provando que todos os números são iguais a outro número:

$99 - 99 = 43 - 43$
$99(1 - 1) = 43(1 - 1)$
$99 = 43$

Você consegue encontrar o erro? Na primeira soma, já que $a = b$, dividir por $(a^2 - ab)$ é o mesmo que dividir por zero. Nas outras somas, novamente, dividir por $(1 - 1)$ significa dividir por zero, sendo que a divisão por zero não é permitida. Isso dá uma dor de cabeça aos matemáticos!

Veja também Infinito (p. 7).

O triângulo que precedeu os fractais

O triângulo de Sierpinski, é um fractal simples e interessante formado a partir de um triângulo equilátero.

Waclaw Sierpinski (1882-1969) é descrito como o melhor e mais produtivo dos matemáticos poloneses. Ele escreveu mais de 700 artigos e 50 livros. Benoit Mandelbrot definiu fractais em 1975 (veja na página 125), muito depois de Sierpinski ter apresentado seu triângulo em 1916. Entretanto, o princípio implícito do triângulo já era familiar à arte italiana desde o século 13.

Para construir um triângulo de Sierpinski, primeiro desenhe e pinte um triângulo equilátero (veja o diagrama). Determine os pontos médios de cada lado do triângulo. Use esses pontos médios para desenhar um triângulo semelhante que divida o triângulo equilátero original em quatro triângulos equiláteros menores. Remova o triângulo do meio. Repita o processo com os três triângulos restantes. Em teoria, o processo pode ser repetido indefinidamente.

Inventores de enigmas

Sam Loyd e Henry Dudeney são os dois maiores inventores de enigmas matemáticos de todos os tempos.

Por quase metade de um século, até sua morte aos 70 anos, em 1911, Samuel Loyd (1841-1911) foi inegavelmente o rei dos enigmas dos Estados Unidos.

Ele se interessou por enigmas de xadrez e matemática aos 14 anos, e ganhou vários prêmios por seus enigmas ainda nos tempos de escola. Depois de se formar, ele começou a estudar engenharia, porém nunca completou seus estudos, pois a certa altura percebeu que conseguia ganhar um bom dinheiro criando quebra-cabeças. Ele produziu mais de 10.000 enigmas ao longo da vida, metade dos quais foram incluídos em seu gigantesco livro, *Cyclopedia of Puzzles*, de 1914, compilado por seu filho, também batizado de Sam, após sua morte.

Em 1858, quando ele era um adolescente, Loyd criou um enigma que se tornou um sucesso comercial instantâneo, ganhando dez mil dólares (uma soma incrível na época) em apenas algumas semanas.

O quebra-cabeça, que ele mesmo desenhou, ficou conhecido popularmente como enigma dos burros. O problema é cortar uma imagem em três retângulos sobre as linhas marcadas, e em seguida rearranjar os retângulos sem dobrá-los, para mostrar dois homens cavalgando em dois burros.

Enigma dos burros de Sam Loyd
Imagem de *Cyclopedia of Puzzles*, de Sam Loyd (1914)

O quebra-cabeça mais interessante de Loyd foi criado em 1878. Conhecido como o enigma 15, ele consiste de 15 blocos móveis que estão arranjados em uma caixa quadrada, em ordem, mas com o 14 e o 15 invertidos, como mostrado na imagem.

O objetivo é mover os blocos, um de cada vez, para que voltem à posição original em todos os aspectos, exceto que o erro na ordem de 14 e 15 deve estar corrigido.

O enigma 15 de Sam Loyd

O entusiasmo para resolver o enigma cativou a América e a Europa, onde patrões proibiram o enigma durante o tempo de trabalho. "Pessoas apaixonaram-se pelo quebra-cabeça e surgiram histórias incríveis de donos de loja que deixaram de abrir suas portas", conta o filho de Loyd na *Cyclopedia*. "A característica misteriosa do enigma é que ninguém parece ser capaz de lembrar-se da sequência de movimentos, o que os faz ter certeza de que estão resolvendo o quebra-cabeça".

O enigma não tem solução. Ele ainda está disponível e ainda frustra todos que tentam resolvê-lo.

Henry Ernest Dudeney (1857-1930) foi o inventor de quebra-cabeças mais eminente da Inglaterra. Quando tinha 13 anos de idade, entrou para o serviço público com um trabalho comum de escritório, porém continuou estudando matemática. Por quase trinta anos publicou uma página de quebra-cabeças, "Perplexidades", ilustrada por ele, na revista *Strand*. Dudeney publicou vários livros, incluindo *Canterbury Puzzles*, em 1907, *Amusements in Mathematics* , em 1917, e *Modern Puzzles*, em 1926. Ele escreveu em um de seus livros: "O fato é que grande parte das nossas vidas é gasta na resolução de enigmas: o que é um enigma, senão uma pergunta intrigante?".

O mais fascinante enigma mental de Dudeney, a aranha e a mosca, apareceu pela primeira vez em um jornal inglês, em

1903. Em uma sala retangular de 30 x 12 x 12 pés,* uma aranha está no meio de uma parede ao fundo, a 1 pé do teto. A mosca está no meio da parede oposta, a 1 pé do chão. A mosca está assustada demais para se mexer.

Qual é a menor distância que a aranha precisa percorrer para capturar a mosca?

Respostas para o "quebra-cabeça dos burros" e "a aranha e a mosca" podem ser encontrados na página 165.

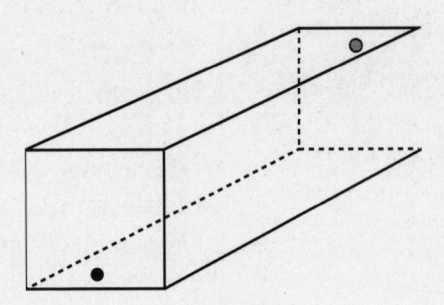

O enigma "a aranha e a mosca", de Dudeney. Notar que a aranha está abaixo do teto, $1/12$ da altura da caixa, e a mosca está acima do chão, também $1/12$ da altura da caixa.

---

* 1 pé = 0,3048 metro. (N.T.)

Quando o mundo desaparecerá com um relâmpago

A torre de Hanói é um enigma
baseado em uma lenda.

O enigma foi inventado em 1883 por Édouard Lucas (1842-1891), um professor de matemática no Liceu São Luiz, em Paris.

O enigma consiste de três hastes fixadas a uma mesa. Em uma destas hastes estão oito discos de tamanhos diferentes, empilhados do maior para o menor. O problema é trocar os discos desta haste para qualquer uma das hastes vagas. Apenas um disco pode ser movido de cada vez e um disco não pode ser colocado sobre um que seja menor que ele. Para uma torre de n discos, o número mínimo de movimentos exigidos para mover todos os discos de uma haste a outra é de $2^n - 1$. Para uma torre de oito discos, isso significa 255 movimentos.

O enigma é baseado em uma lenda hindu que conta que na cidade de Varanasi (Benares), no rio Ganges, há um templo que marca o centro do mundo. Abaixo do domo do templo encontra-se um prato de bronze, no qual estão fixados três agulhas de diamante. Brahma, o deus hindu da criação, colocou 64 discos de ouro sobre uma das agulhas na época da Criação. Os discos são de tamanhos diferentes e estão empilhados do maior para o menor. Dia e noite, os sacerdotes do tempo movem um disco de cada vez para outra agulha, de modo que não haja um disco menor abaixo dela. Quando os 64 discos acabarem de ser movidos para outra agulha, todo o universo desaparecerá com um relâmpago. O número de movimentos necessários neste caso seria de $2^{64} - 1$, ou 18.446.744.073.709.551.615. Se os sacerdotes movem um disco a cada segundo, eles levariam mais de 580 bilhões de anos para mover todos os discos. Sendo assim, não se preocupe! O universo tem apenas 13,7 bilhões de anos.

Sem torcer ou cortar

Este enigma enlouquecedor de 100 anos
de idade foi finalmente resolvido.

O matemático francês Henri Poincaré (1854-1912) é costumeiramente lembrado como o fundador da topologia, um ramo da matemática que é descrito com frequência como "a geometria da folha de borracha".

A topologia lida com as propriedades das formas geométricas, como a fita de Möbius (veja na página 108), e a garrafa de Klein (veja na página 110), que podem ser arbitrariamente esticadas e torcidas sem nenhum dano.

Considere uma rosquinha e uma xícara de chá com alça. Cada uma tem apenas um buraco. Esticando e torcendo – cortar e costurar não são permitidos em topologia –, é possível que uma seja manipulada de modo a parecer com a outra. Poincaré chamou esse espaço abstrato e topológico de "variedade".

Agora considere uma bola de futebol. É um objeto tridimensional, mas cada ponto em sua superfície lembra um espaço bidimensional. Para os topólogos, a bola de futebol (ou qualquer esfera, na verdade) é uma "variedade bidimensional compacta e simplesmente conexa". Ser simplesmente conexa é uma propriedade que os topólogos aplicam a todas as superfícies bidimensionais sem bordas. Mesmo quando uma bola de futebol é esticada ou amassada, não possui nenhum buraco. Uma rosquinha, entretanto, tem um buraco; não se trata apenas de uma esfera. Uma bola de futebol não pode ser transformada em uma rosquinha e vice-versa. Se você amarrar uma linha em torno de uma bola de futebol, você pode facilmente fechar a linha. Os topólogos dizem que cada caminho na bola de futebol pode ser encolhido até um ponto. Porém se você amarra uma linha em uma rosquinha passando pelo buraco, você não pode fechar a linha sem cortar a própria linha ou a rosquinha.

Por este motivo, os topólogos dizem que a superfície de uma bola é "simplesmente conexa".

A conjectura de Poincaré é sobre esferas tridimensionais. Existe uma variedade tridimensional, diferente da esfera tridimensional, e que possua a propriedade de que todos os caminhos possam ser encolhidos até um ponto? A conjectura de Poincaré diz que tal variedade não existe.

A pergunta parece simples, mas ela assediou os matemáticos por quase um século. A descoberta veio em 2002, quando o matemático russo Grigori Perelman (nascido em 1966) postou a prova da conjectura na internet. Os matemáticos levaram quatro anos para chegar a um consenso de que a prova de Perelman estava realmente correta. Perelman recebeu a célebre Medalha Fields, o equivalente matemático do Prêmio Nobel, no Congresso Internacional de Matemáticos, em 2006, em Madri. O matemático recluso recusou a medalha.

Em 2000, o Instituto de matemática Clay, de Cambridge, no estado americano de Massachusetts, apontou sete clássicos problemas da matemática – incluindo a conjectura de Poincaré – que resistiam às tentativas de solução ao longo dos anos. O Instituto anunciou um prêmio de um milhão de dólares para cada problema. O Instituto ainda não ofereceu o prêmio, conhecido popularmente como prêmio do milênio, a Perelman, pois continua procurando assegurar-se de que não existem falhas na prova.

Poincaré disse certa vez: "Um cientista digno de seu nome, sobretudo um matemático, vive a experiência de seu trabalho assim como um artista; seu prazer é grande e da mesma natureza". Sua conjectura ajudará cientistas a desvendar a forma do universo.

Uma verdadeira obra de arte!

Veja também Teoria dos nós (p. 126).

Uma curiosidade topológica

Uma fita de Möbius é uma curva contínua que possui apenas uma superfície e uma borda.

Quando você junta as duas pontas de uma tira longa e retangular de papel, você forma um anel cilíndrico comum.

Porém, se você torcer uma ponta em 180° (isto é, uma meia-volta), de modo que a superfície interna toque a externa, e prender as duas pontas com fita adesiva, você terá uma fita de Möbius (ou faixa). Este laço cilíndrico possui várias propriedades únicas.

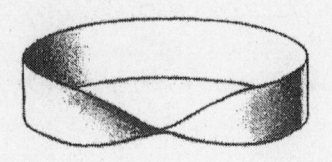

Comece em qualquer ponto da superfície de sua fita de Möbius e corra o dedo pela superfície, e você terminará onde começou. Você pode tentar o mesmo com a borda. Corte a fita ao meio em todo o seu comprimento. Ao invés de formar dois anéis, ela se transforma em um único anel, duas vezes mais comprido, com duas meias-voltas. Isto já não é uma fita de Möbius.

Essa fita incrível foi descoberta em 1858 pelo matemático e astrônomo alemão Augustus Möbius (1790-1868). Hoje, a fita vive além da matemática: em arte (em logotipos, selos, e na arte matemática do legendário M. C. Escher), na escultura (uma escultura de metal no Museu Smithsonian, em Washington), e em uma série para TV (*Star Trek: Next Generation*), e na engenharia (correias de maquinaria baseados na fita de Möbius se desgastam nos dois lados igualmente).

Ela também é uma das favoritas de escritores de rimas populares:

Uma dançarina burlesca, de alta classe,
Chamada Virgínia, sabia abrir um zíper.
Mas ela lia ficção científica
E morreu consumida
Tentando uma fita de Möbius.

do escritor americano de ficção científica Cyril Kornbluth (1923-1958)

Um matemático garantiu que
Uma fita de Möbius
tinha só um lado.
E você descobre boa piada
Se a corta pela metade,
Pois ela continua uma
só após separada.

de autor desconhecido

O pensamento do topólogo ficou
perturbado
Quando de suas teorias os
colegas caçoaram

Sem mais fitas de Möbius,
Ele faz bonecas de papel
Não Euclidianas, fechadas, e de
um lado só.

do autor americano
de ficção científica
Hilbert Schenck Jr.
(nascido em 1926)

Veja também A conjectura
de Poincaré (p. 106) e A garrafa
de Klein (p. 110).

Outra curiosidade topológica

A garrafa de Klein possui apenas
uma superfície e nenhuma borda.

A rima popular abaixo, escrita por um desconhecido, porém sólida em sua base matemática, explica claramente a relação entre a fita de Möbius (veja na página 108) e a garrafa de Klein:

> *Um matemático chamado Klein*
> *Achava divina a fita de Möbius.*
> *Disse ele, "se você cola*
> *As bordas de duas,*
> *Você consegue uma garrafa*
> *estranha igual à minha".*

Essa garrafa curiosa possui um lado interno, mas nenhum externo; ela atravessa a si própria. Não tem a capacidade de armazenar qualquer líquido; se lançássemos líquido sobre ela, ele sairia pelo mesmo buraco. A garrafa foi criada em 1882, pelo matemático alemão Felix Klein (1849-1925). Ele disse certa vez: "Os maiores matemáticos, como Arquimedes, Newton e Gauss, sempre uniram teoria e aplicações na mesma medida". Sua garrafa estranha segue essa particularidade dos grandes matemáticos.

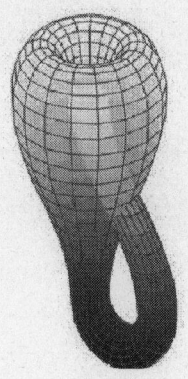

A garrafa de Klein

Veja também A conjectura de Poincaré (p. 106).

A chave para os códigos criptografados

A famosa hipótese de Riemann atormenta
os melhores matemáticos do mundo há quase
150 anos. Até hoje ela não foi resolvida.

Em novembro de 1859, Bernhard Riemann (1826-1866), um matemático alemão tímido de 33 anos, publicou um artigo de oito páginas, intitulado, em sua tradução, "Sobre a quantidade de números primos sob determinada magnitude", na revista mensal da Academia de Berlim.

No artigo, ele dá uma possível resposta para um problema altamente complexo sobre a distribuição aleatória de números primos. Hoje, conhecemos os primeiros 1,5 bilhão de números primos. Eles não seguem nenhum padrão regular; os números são distribuídos aleatoriamente. A hipótese de Riemann busca fornecer uma fórmula que afirme onde cada número primo, até o infinito, deverá ocorrer.

Os números primos não apenas entretêm matemáticos; atualmente, eles também possuem uma aplicação prática muito importante. São a chave para os códigos criptografados, que mantêm seguro o comércio via internet. A resolução da hipótese de Riemann poderia arruinar a prática do *internet banking* e outras transações comerciais. Se os códigos criptografados fossem desvendados, nenhuma transação via internet estaria segura.

Em 2000, O Instituto Clay de Matemática, em Cambridge, Massachusetts, apontou sete problemas clássicos da matemática que resistem à solução ao longo dos anos. O Instituto anunciou um prêmio de 1 milhão de dólares para cada problema; este prêmio é conhecido popularmente como o prêmio do milênio. A hipótese de Riemann é um Santo Graal da matemática, juntamente com os outros seis problemas.

Veja também Números primos (p. 32) e A conjectura de Poincaré (p. 106).

O sorriso do gato de Cheshire

O conceito de espaço curvo nos leva além
da geometria euclidiana de espaços planos.

Bernhard Riemann (veja na página 111) foi um dos primeiros matemáticos a estudar o espaço curvo. Seu trabalho criou uma nova geometria, hoje conhecida como geometria riemanniana, ou geometria elíptica.

Diferente da geometria euclidiana (veja na página 14), a geometria de Riemann está diretamente ligada à nossa vida diária, já que vivemos em uma superfície curva – o planeta Terra, inserido em um universo curvo. Na geometria de Riemann, não existem linhas paralelas reais, todas as linhas possuem o mesmo comprimento, e a soma dos ângulos de um triângulo é sempre maior que 180°. Esta última ideia permite que todos os meridianos terrestres se cruzem tanto no polo norte quanto no sul.

Albert Einstein (1879-1955) ficou bastante impressionado com a ideia de Riemann sobre espaços curvos, e aplicou-a em sua teoria geral da relatividade. A teoria, publicada em 1915, afirma que os corpos não se atraem exercendo uma força que puxa, mas que a presença da matéria no espaço faz com que o espaço se curve de tal maneira que que se estabeleça um campo gravitacional.

A gravidade é uma propriedade do próprio espaço, e mesmo a trajetória da luz pode ser curvada pela gravidade. Matéria e energia determinam como o espaço e o espaço-tempo (três dimensões de espaço e uma quarta dimensão de tempo) são distorcidos. A curvatura do espaço determina como a matéria se move. No limite da curvatura espaço-tempo, o espaço está tão distorcido que, uma vez que matéria e energia o adentram, não podem sair nunca mais. Trata-se do "buraco negro", um ponto de densidade infinita, onde a massa não possui volume e tanto o espaço quanto o tempo são interrompidos. Nada – nem mesmo a luz – pode escapar de um buraco negro.

Primeiramente pensou-se que os buracos negros eram uma ideia matemática abstrata, mas hoje sabe-se que eles de fato existem, exatamente como a teoria de Einstein previu.

A geometria de Riemann não implica que a euclidiana esteja errada. Ela funciona adequadamente, desde que a curvatura seja pequena. O célebre astrofísico britânico Arthur Eddington (1882-1944) explica como os estudiosos de geometria e os físicos enxergam o espaço curvo:

> "Para o estudioso de geometria pura, o raio da curvatura é uma característica acidental – como o sorriso do gato de Cheshire. Para o físico, ele é uma característica inconfundível. Pode ser um exagero dizer que para o físico, o gato é que é um acidente para o sorriso. A Física se preocupa com as inter-relações, como a conexão entre gatos e sorrisos. Neste caso, o 'gato sem o sorriso' e o 'sorriso sem o gato' são igualmente classificados como fantasias puramente matemáticas.

O universo em expansão (1933)

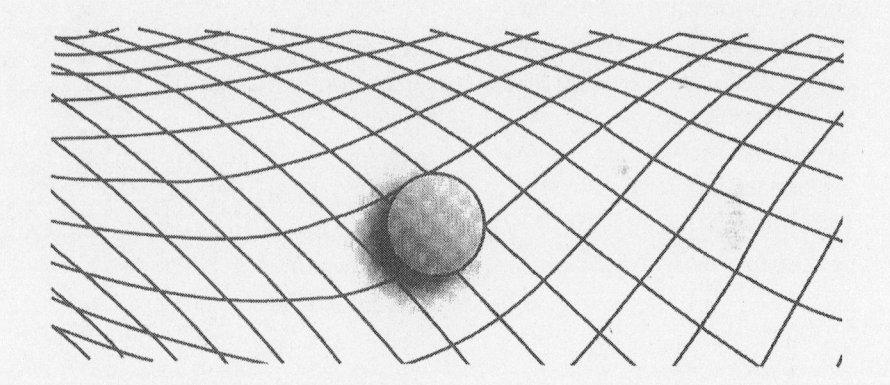

Quem barbeia o barbeiro?

O paradoxo de Russell é o mais famoso
entre os paradoxos lógicos.

O paradoxo vem da teoria dos conjuntos (veja na página 78). Os conjuntos são ou não membros de si mesmos.

Considere *S*, um conjunto que contenha membros que são: a) conjuntos; e que b) não são membros de si próprios. *S* seria então um membro de *S*? Se *S* é um membro de *S*, então ele não atende ao critério de não ser um membro de si próprio. Porém, se *S* não é um membro de *S*, então ele atende ao critério para ser membro de *S*; eis a contradição.

O paradoxo foi proposto em 1902 por Bertrand Russell (1872-1970), um filósofo e matemático, além de ser o vencedor do Prêmio Nobel da Literatura anos depois. Para explicar o paradoxo a não matemáticos, Russel propôs em 1918 o "paradoxo do barbeiro". O barbeiro de uma vila possui a seguinte placa em sua loja: "Eu barbeio todos os homens da vila que não barbeiam a si próprios". Isso significa que o barbeiro barbeia a si mesmo? Se ele de fato se barbeia, ele pertenceria ao conjunto de homens que se barbeiam, o que significa que ele não faz isso a si mesmo. Se ele não se barbeia e resolve usar uma barba, então ele deveria se barbear, de acordo com os dizeres da placa. Esta é a ideia, ao menos, até que ele retire a placa.

Russell escreveu para Gottlob Frege (1848-1925), um matemático e lógico alemão, sobre as novidades do paradoxo em 1902. O segundo volume do texto de Frege sobre o desenvolvimento lógico da aritmética já estava na prensa. Frege ficou "chocado" com o paradoxo, pois ele mostrava inconsistências em axiomas que ele usava para formalizar sua lógica. Ele rapidamente acrescentou um apêndice e escreveu no prefácio: "Um cientista dificilmente poderia encontrar algo tão indesejável quanto a visão de seus princípios básicos caindo aos pedaços logo após concluir seu trabalho".

"O funcionário da Índia"

Ramanujan é considerado por muitos como sendo o dono de uma das mais belas mentes matemáticas dos últimos séculos.

Em 1913, G. H. Hardy (1877-1947), um célebre matemático inglês do século passado, recebeu uma carta de nove páginas, cheia de complexos teoremas numéricos, de Srinivasa Ramanujan (1887-1920), um obscuro funcionário de contabilidade de Madras, na Índia.

Hardy ficou tão encantado com o gênio matemático do funcionário autodidata que imediatamente providenciou que Ramanujan fosse à Universidade de Cambridge, trabalhar com ele. A história de sua colaboração e amizade é calorosa e está belamente relatada em *The Indian Clerk*, de 2007, um romance escrito por David Leavitt, um professor inglês da Universidade da Flórida.

O clima da Inglaterra não agradava Ramanujan, e ele acabou voltando para a Índia em 1919. Ele morreu um ano depois, com 32 anos. Ainda que tenha publicado diversos artigos em revistas renomadas, o legado de Ramanujan está em seus cadernos: 400 páginas espremidas com 4.000 fórmulas e teoremas incrivelmente poderosos, mas sem nenhum comentário. Quase 90 anos depois, os matemáticos ainda se esforçam para decifrar seu gênio incandescente.

Diz-se que todo número inteiro era um amigo pessoal de Ramanujan. Durante o tempo que ele passou doente na Inglaterra, Hardy o visitou no hospital. "O número do meu táxi era 1729. Pareceu-me ser um número muito entediante", comentou Hardy. Ramanujan respondeu imediatamente: "Não, Hardy! Trata-se de um número muito interessante. É o menor inteiro que pode ser expresso como a soma de dois cubos de formas diferentes". Ele quis dizer que $1729 = 1^3 + 12^3 = 9^3 + 10^3$.

Ramanujan disse certa vez: "Uma equação, para mim, não tem significado a não ser que ela expresse um pensamento de Deus".

Um computador imaginário

A máquina de Turing é uma máquina teórica
universal que poderia realizar cálculos matemáticos.

Em 1937, enquanto trabalhava na Universidade de Cambridge, o brilhante matemático Alan Turing (1912-1954), hoje famoso por desvendar o código da marinha alemã durante a Segunda Guerra Mundial, propôs um computador teórico que obedecia instruções estabelecidas por um algoritmo (na página 30).

A máquina possuía dois ou mais estados e reagia a uma entrada de dados para produzir dados de saída. O método de aplicação de dados para obtenção de resultados é chamado de computação.

A máquina teórica, hoje conhecida como a máquina de Turing, consiste de uma caixa com uma fita de comprimento infinito, dividida em células, cada uma marcada com o símbolo de um alfabeto finito (que tenha um símbolo nulo). Um dispositivo de leitura e escrita deve sempre estar localizado exatamente sobre uma dessas células. Ele pode ler ou escrever na célula onde está localizado, além de se mover célula por célula em qualquer sentido ao longo da fita. A máquina possui um algoritmo que especifica cada movimento com base no estado atual do dispositivo e no símbolo marcado na célula atual. O diagrama abaixo, por exemplo, mostra dois estados de uma máquina de Turing. Quando ela está no estado 0 e analisando A, a máquina se move uma célula para a direita e volta para o estado 0. Quando ela está no estado 0 analisando B, ela mudará B para A, para depois entrar no estado 1.

A máquina de Turing é a precursora dos computadores que usamos hoje em dia; e o matemático pioneiro é considerado o fundador da ciência computacional moderna.

A máquina de Turing

O dilema do ladrão

A teoria dos jogos usa a matemática e a lógica em situações que envolvem pessoas com interesses conflitantes.

Em outras palavras, a teoria ocupa-se com o modo como indivíduos racionais tomam decisões quando estão inseridos em situações de competição.

A teoria surgiu em 1937, quando o matemático americano John von Neumann (1903-1957) percebeu que jogos de salão, como pôquer, não eram guiados apenas pela lei da probabilidade (veja na página 70), e que o blefe, uma estratégia para esconder informações de outros jogadores, era também crucial. Ele aprofundou a teoria em 1944 com o matemático americano Oskar Morgenstern (1902-1976). Sua teoria se aplicava a jogos de cooperação: como grupos de indivíduos se comprometiam uns com os outros para formular decisões racionais.

Em 1949, John Nash (nascido em 1928), enquanto estudava para seu PhD na Universidade de Princeton, estendeu a teoria a situações reais de jogos não cooperativos, nos quais os indivíduos eram incapazes de se unir e firmar acordos entre si. Alguns anos depois, Nash foi diagnosticado com esquizofrenia paranoica. Sua trágica história de vida subsequente foi assunto do livro da economista alemã Sylvia Nasar, *Uma Mente Brilhante* (1998), além do filme vencedor de Oscars que leva o mesmo nome (2001), estrelado por Russel Crowe. Nash, que recebeu o Prêmio Nobel de Economia em 1994, se recuperou e ainda trabalha em Princeton.

A teoria dos jogos é hoje aplicada a uma variedade de assuntos em economia, ciência da computação, psicologia, sociologia, biologia, antropologia, política, guerras, mercado de ações e muitas outras áreas.

Na teoria dos jogos, todos os jogos possuem três coisas em comum: regras, estratégias e eliminatórias. Os jogos incluem partidas zeradas (cada jogador se beneficia às custas dos outros), partidas não zeradas (a soma dos ganhos e perdas é maior ou menor que aquela com a qual o jogo começa), partidas cooperativas (as pessoas podem barganhar) e jogos não cooperativos (as pessoas são incapazes de fazer contratos sólidos). O equilíbrio de um jogo é chamado de equilíbrio de Nash, uma solução que maximize o benefício geral. O equilíbrio de Nash é considerado o aspecto mais importante da teoria dos jogos.

O dilema do prisioneiro, um jogo descrito abaixo, é um exemplo popular de uma partida não zerada e não cooperativa.

Dois ladrões, pegos com o produto do roubo em mãos, são mantidos em duas celas separadas em um centro de detenção. O investigador oferece a cada um deles as seguintes três opções:

Se você se declarar culpado, mas seu parceiro se declarar inocente, você receberá uma recompensa de 500 dólares, mas seu parceiro terá que pagar mil.

Se vocês dois se declararem culpados, ambos terão que pagar 500 dólares.

Se nenhum de vocês se declarar culpado, ambos saem livres, mas não haverá recompensa.

Se os ladrões estiverem familiarizados com a teoria dos jogos, eles analisarão a situação da seguinte maneira:

	Meu parceiro se declara culpado	Meu parceiro não se declara culpado
Eu me declaro culpado	-500	500
Eu não me declaro culpado	-1000	0

A célula escura é chamada de ponto de sela: trata-se simultaneamente de um mínimo em uma linha e do máximo em uma coluna. É o ponto de decisão do equilíbrio e representa uma decisão feita por dois jogadores que não podem tirar nenhum proveito individual tomando uma decisão unilateral. De acordo com o ponto de decisão, cada ladrão deverá se declarar culpado e pagar uma multa de 500 dólares.

Podemos combinar as duas eliminatórias transformando-as em um jogo cooperativo:

	Meu parceiro se declara culpado	Meu parceiro não se declara culpado
Eu me declaro culpado	-500, -500	500, -1000
Eu não me declaro culpado	-1000, 500	0, 0

Fica claro que os ladrões se dariam melhor se houvesse cooperação. Nesse caso, ambos se declarariam inocentes.

Paul Erdős

"Meu cérebro está aberto"

Um dos maiores – e mais excêntricos – matemáticos do século 20, que viveu e respirou matemática pela maior parte de sua vida.

Paul Erdős (1913-1996) foi um matemático extremamente prolífico.

Um matemático excelente pode publicar 50 artigos durante a vida; Erdős publicou mais de 1.500 artigos e colaborou com mais de 460 matemáticos. Ele nunca teve um "emprego de verdade", nunca comprou uma casa, tinha poucas posses pessoais, não escreveu nenhum *best seller*; e ainda assim foi membro de várias instituições privilegiadas, como a Royal Society (Inglaterra), e recebeu numerosas honras e prêmios, incluindo o prestigiado Prêmio Wolf. Ele sempre doava o dinheiro dos prêmios para ajudar alunos, ou distribuia prêmios pela solução de problemas matemáticos que postava.

Durante a maior parte de sua vida adulta, ele viajou de cidade em cidade, usando sandálias e um terno velho, carregando duas maletas gastas, cada uma cheia pela metade. Ele ficava com colegas matemáticos por onde ia. Costumava chegar sem aviso, batendo na porta com um cumprimento: "Meu cérebro está aberto". Em troca de sua hospitalidade, ele os presenteava com problemas e raras ideias matemáticas. Ele sempre era bem recebido; seus colegas o veneravam, sempre ansiosos por trabalhar com o gênio eloquente, amigável e inspirador.

Erdős resolveu muitos problemas complexos sobre teoria dos números, geometria, teoria dos grafos, análise combinatória, teoria dos conjuntos, funções, entre várias outras áreas. Ele criou uma nova área de pesquisa chamada hoje de matemática discreta, sendo esta a base da ciência da computação. Ele não era um matemático abstrato; em vez de criar teorias, ele adorava resolver e criar problemas. O matemático germano-americano Ernst Straus (1922-1983), que trabalhou com Einstein e Erdős, chamava-o de "príncipe dos solucionadores de problemas e monarca absoluto dos criadores de problemas".

Verdadeiro e falso ao mesmo tempo

Em uma teoria formal sempre existe uma
afirmação que não pode ser provada dentro
da teoria, mesmo que a verdade seja aparente.

Esta é uma das várias versões simples de dois teoremas da incompletude apresentados e provados pelo matemático austríaco Kurt Gödel (1906-1978). Os teoremas, que chocaram o mundo da matemática ao serem revelados, em 1931, são considerados a descoberta matemática mais importante dos últimos cem anos.

Os teoremas implicam que seja possível construir um axioma, uma verdade evidente que não exija prova e que não se possa provar, nem contestar em nenhum sistema baseado em um grupo completo de axiomas. Assim, um teorema matemático pode ser construído de forma a ser verdadeiro e falso ao mesmo tempo.

Algumas pessoas estenderam os teoremas de Gödel para afirmar que um computador nunca poderá tão sábio quanto um ser humano. Um computador pode apenas operar de acordo com um dado conjunto de regras ou axiomas, jamais podendo decidir se uma afirmação é verdadeira ou falsa, se ela não puder ser provada por seu conjunto de regras estabelecido. Seres humanos, por outro lado, podem reconhecer que a afirmação é verdadeira mesmo se ela não puder ser provada por lógica; seres humanos podem descobrir verdades inesperadas.

Os matemáticos são conhecidos por suas excentricidades, mas as de Gödel são legendárias. Em seus últimos anos, ele se retirou de todo o contato humano e recebia comunicações apenas por correspondência ou em seu escritório. Existem diversas histórias sobre ele: em certa ocasião, pediu-se que ele completasse um formulário burocrático. Conforme ele lia o formulário sua frustração aumentava. Em vez de dar respostas com "sim" ou "não", ele escreveu longos ensaios sobre cada questão, explicando que se a pergunta queria dizer "X", então a resposta era "A", mas se a pergunta queria dizer "Y", a resposta era "B", e assim por diante.

Uma ferramenta de previsão

Um modelo matemático é uma representação matemática de um fenômeno particular do mundo real, como o aquecimento global.

Um modelo matemático consiste de equações e regras passo a passo que refletem o que acontece em um evento real.

Um modelo nunca é perfeito. Matemáticos e cientistas continuamente atualizam seus modelos com base em novas observações.

Esse processo de atualização continua em um ciclo, como mostrado no diagrama. Na fase 1, o modelador coleta dados sobre o fenômeno e então o apresenta em linguagem matemática precisa. As fases 2 e 3 são usadas para testar o modelo, fazendo previsões matemáticas sobre o fenômeno. As previsões podem ser sobre situações observadas previamente ou sobre algumas situações desconhecidas. Na fase 4, essas previsões são traduzidas de uma linguagem matemática do modelo para o mundo real. Essas previsões são então comparadas com dados reais. O modelo é então modificado e o ciclo começa novamente.

Note que as previsões são baseadas em dedução, que é um processo lógico no qual uma teoria é usada para gerar informações específicas. A tradução é por indução, um processo lógico usado para construir uma afirmação geral a partir de uma série de observações relacionadas. A hipótese é uma fase que vai além da indução.

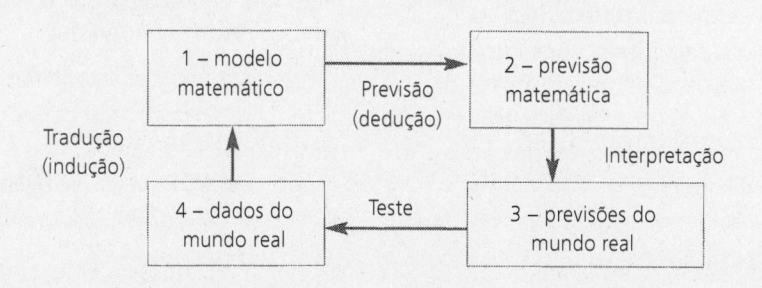

"Vários ângulos interessantes"

A curva exponencial é usada para modelar crescimento, como o crescimento populacional.

A atriz americana Mae West (1893-1980) comentou certa vez: "Uma figura com curvas sempre oferece vários ângulos interessantes".

Uma curva exponencial oferece muito mais ângulos, sendo que ela fornece uma janela de crescimento (por exemplo: o crescimento populacional ou o crescimento de bactérias) e queda (como o decaimento radioativo) das coisas.

Uma exponencial é uma função (veja na página 62) que varia com a potência (expoente) de outra quantidade. Em $y = a^x$ (onde a é qualquer número maior que zero), y varia exponencialmente com x, o expoente. Quando x aumenta, y cresce rapidamente (ver diagrama). Chamamos isso de crescimento exponencial.

Se a é uma fração, digamos $a = \frac{1}{2}$, no gráfico de $y = (\frac{1}{2})^x$ (que é o mesmo que $y = 2^{-x}$), y cai rapidamente quando x aumenta. Este tipo de curva é usado para modelar a decaimento radioativo, por exemplo.

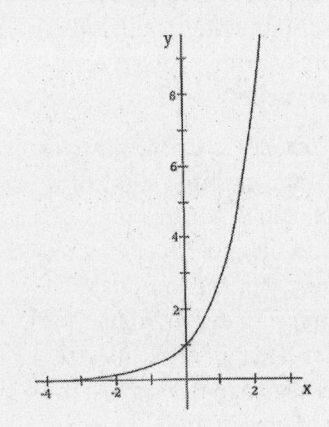

Se você ainda não entende a curva exponencial, Felix Klein (famoso pela garrafa de Klein, veja na página 110) explica o motivo: "Todos sabem o que é uma curva, até ter estudado matemática o suficiente para ficar confuso com o número incontável de possíveis exceções".

Uma teoria para a Era da Informação

A teoria da informação é o estudo da transmissão e recepção de informações usando modelos matemáticos. Às vezes o termo é usado como sinônimo da teoria da comunicação.

Em 1948, Claude Shannon (1916-2001), um matemático da Bell Telefones nos Estados Unidos, publicou o artigo "Uma teoria matemática da comunicação", no qual ele introduziu a ideia revolucionária, hoje tão familiar para nós, de que imagens, palavras e sons podem ser transmitidos por um fluxo de 0s e 1s. Ele chamou cada 0 ou 1 de *bit* (abreviação do inglês *binary digit*, que quer dizer "dígito binário"). Seu artigo estabeleceu a base de uma nova teoria de comunicações – hoje conhecida como teoria da informação.

Sua teoria está no coração da compressão e transmissão confiável de dados na internet, em sistemas de telefones fixos e sem fio, além de dispositivos de armazenamento, desde discos rígidos a DVDs.

Para nós, a "informação" é "conhecimento útil", porém, na teoria da informação, ela é carregada por mensagens. Cada mensagem tem três partes: um transmissor, um canal e um receptor. A mensagem é enviada em uma corrente de zeros e uns. Shannon disse que os erros de transmissão poderiam ser corrigidos acrescentando *bits* extras à mensagem, e ela chegaria ao extremo do receptor sem nenhuma perda de informação.

Aplicações da teoria da informação não estão mais limitadas à transmissão de dados. Na física, ela é aplicada à entropia de um sistema. Na genética, à informação carregada pelo DNA de geração a geração. Os geneticistas veem cada código de três letras de DNA como uma mensagem.

Tudo e muito mais surgiu de um matemático visionário que viu 0s e 1s como os elementos fundamentais da informação.

Tons de cinza

A lógica difusa, ou fuzzy, é um modo matemático
de lidar com dados imprecisos e problemas
que possuem mais de uma solução.

Os computadores digitais foram construídos com a lógica booleana (veja na página 86), que se aplica a valores binários, 0 ou 1, sim ou não, verdadeiro ou falso. Essa lógica funciona bem para computadores, mas falha terrivelmente no mundo real.

A lógica difusa nos fornece uma maneira de lidar com a pergunta: "Até que ponto alguma coisa é verdadeira ou falsa?". Na lógica difusa, os valores são indicados de 0 a 1, onde 0 representa absolutamente falso e 1 significa absolutamente verdadeiro. Assim, a lógica difusa pode lidar com tons de cinza entre verdadeiro e falso.

A lógica difusa começou em 1965, quando Lotfi Zadeh (nascido em 1921), um professor, nascido na Rússia, de ciência da computação da Universidade da Califórnia em Berkeley, publicou um artigo sobre "conjuntos difusos", uma extensão da teoria dos conjuntos (veja na página 78).

No artigo, Zadeh chamou de difusos os conjuntos cujos limites não eram claros, como o "conjunto de pessoas bonitas". Um objeto está ou não está em um conjunto; não há meio-termo: ou você pertence ao "grupo de pessoas bonitas", ou não. A teoria dos conjuntos refuta a ligação, mas a lógica difusa permite que todos tenham determinado grau de ligação ao conjunto, pois ela não mede a ligação como 0 ou 1, mas sim entre 0 e 1.

Zadeh não foi o primeiro a estudar os tons de cinza. O grande filósofo grego Platão (429 a.C.-327 a.C.) também acreditava em uma terceira região entre "verdadeiro" e "falso", na qual os opostos "se esbarravam". Porém, Zadeh foi o primeiro a dar uma definição matemática precisa ao conceito.

A geometria da irregularidade

Fractais são formas autossemelhantes que parecem a si mesmas independentemente da ampliação a que são vistas.

A geometria de Euclides descreve formas ideais – o quadrado, o triângulo, o círculo, o cubo, a esfera, e assim por diante. A maioria dos padrões no mundo real não são feitos de formas geométricas tão simples, e sim de formatos com bordas irregulares. A geometria euclidiana não pode descrever o formato da costa de um oceano, uma nuvem, uma cadeia de montanhas, um floco de neve, ou mesmo a casca de uma árvore.

Em 1975, o matemático polaco-americano Benoit Mandelbrot (1924-2010) criou o termo "fractal" (do latim *fractus*, "quebrado") para descrever formas naturais que são autossemelhantes e parecem a mesma quando são ampliadas ou reduzidas. A samambaia, a couve-flor, flocos de neve, rios, montanhas, nuvens – todos são fractais. A geometria fractal é a geometria dessas formas irregulares, na qual fractais são descritos por equações matemáticas que podem ser usadas para gerar imagens de computador. A geometria fractal pode ser usada para modelar e descrever, ainda que não os preveja, vários fenômenos complexos, como a mudança climática, terremotos e furacões, turbulência no ar e na água, grupos da galáxia e os altos e baixos do mercado de ações.

"Sendo uma linguagem, a matemática pode ser usada não apenas para informar, mas também, entre outras coisas, para seduzir", diz Mandelbrot. A geometria fractal é uma nova linguagem. Uma vez que você a entenda, poderá descrever a forma de uma nuvem tão precisamente quanto um arquiteto descreve uma casa.

Veja também O triângulo de Sierpinski (p. 101).

Desfazendo o nó

A teoria do nó é um campo recente da topologia
que estuda a estrutura verdadeira dos nós.

"Um nó", disse Alice. "Ah,
deixe-me ajudar a desfazê-lo".

Lewis Carrol, *Alice no País das
Maravilhas* (1865)

O que é tão especial sobre nós
a ponto de os matemáticos
amarrarem uma teoria sobre eles?

Os nós estão em todo lugar. Eles
permitem que as moléculas de
DNA se repliquem facilmente.
O DNA consiste de uma hélice
dupla de dois fios enrolados
um sobre o outro. Essa
estrutura única explica como
o DNA armazena informações
genéticas e como ele passa essa
informação para a próxima
geração, fazendo uma cópia
de si mesmo. A teoria dos nós
ajuda os cientistas a entender
qual tipo de nó permite que o
DNA se replique tão facilmente.
Os nós são usados na química
para distinguir os elementos
químicos, visualizando seus
átomos como espirais distintos
presos por nós. Na física, a
teoria das cordas explica a

natureza do universo em termos
de objetos unidimensionais
chamados cordas, presos por
nós. As configurações desses
nós são usadas para descrever
as diversas interações entre
partículas fundamentais.

Para nós, um nó é apenas a
volta atada de uma corda, mas
para os matemáticos trata-
se de uma curva fechada no
espaço que não tem nenhuma
interseção consigo mesma.
Ela não pode existir em
mais de três dimensões. Um
nó matemático não possui
espessura e, portanto, sua
seção reta é apenas um ponto.
Os matemáticos também
imaginam os nós como se eles
fossem feitos de uma borracha
facilmente deformável.
Deformar um nó não o altera;
não para os matemáticos, pelo
menos.

O nó mais simples possível
é apenas o círculo fechado,
chamado de nó simples ou

não-nó. Em seguida, vem o nó de trevo. Ele tem três cruzamentos e pode existir em versões destras e canhotas, que são imagens espelhadas uma da outra.

Existe apenas um nó com quatro cruzamentos. Dois tipos de nós foram identificados com cinco cruzamentos, três tipos com seis cruzamentos, sete tipos com sete cruzamentos, e assim por diante, até dezesseis cruzamentos em 1.388.705 tipos de nós. Os cientistas ainda trabalham em nós com mais cruzamentos. Enquanto isso, T. S. Eliot (*Reunião familiar*, 1939), resumiu excelentemente a teoria do nó:

> *Em torno do círculo*
> *Se completa o encanto*
> *Para o nó ser desfeito*
> *A cruz descruzada*
> *O torto endireitado*
> *E a maldição encerrada.*

Veja também A conjectura de Poincaré (p. 106).

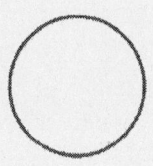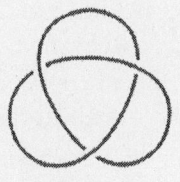

O não-nó (à esquerda) e o nó de trevo

A mágica de seis lados

Depois de mais de três décadas, o cubo mágico ainda desafia os matemáticos – e os supercomputadores.

O cubo mágico é feito de 27 cubinhos em um arranjo de 3 x 3 x 3. Cada cubinho é preso internamente de tal forma que cada um dos seus seis lados gire em torno do seu centro. Cada um desses lados é pintado de uma cor diferente. No cubo mágico original, cada um dos seis lados, composto de nove cubinhos, tem uma cor diferente. Depois de algumas rotações aleatórias, as cores ficam misturadas. O objetivo do quebra-cabeça é fazer o cubo desorganizado voltar a seu estado original.

O arquiteto húngaro Ernő Rubik inventou o cubo em 1974, e sua primeira comercialização foi feita em 1977. Desde então, mais de 300 milhões de cubos foram vendidos em todo o mundo. Resolver o quebra-cabeça parece simples, mas existem mais de 43 milhões de arranjos diferentes para os cubinhos. O número mínimo de movimentos necessários para organizar o cubo mágico é chamado às vezes de "Número de Deus" (obviamente Deus precisaria apenas do número mínimo para organizar um cubo). A teoria sugere que esse número está abaixo de 20. Nos anos 1990, o limite de 29 foi alcançado, seguido por um limite de 27 em 2006.

Em 2007, o supercomputador da Universidade de Northeastern, em Boston, gastou 63 horas para provar que o cubo mágico pode ser devolvido a seu estado anterior em 26 movimentos. Os matemáticos acreditam que ainda não alcançamos o Número de Deus; os supercomputadores precisam trabalhar mais duro.

Sete formas sutis

Um tangram é um quebra-cabeça
composto de sete peças.

Estas sete peças – um quadrado, cinco triângulos e um losango – são cortados de um quadrado, como mostrado no diagrama:

As sete peças podem ser usadas para fazer um número enorme de formas, como ao lado.

Conhecido como *qiqiaotu* (sete formas sutis), o tangram é popular na China há milhares

de anos. Um quebra-cabeça parecido é conhecido dos antigos gregos, incluindo Arquimedes. O nome tangram foi criado no meio do século 19 por um fabricante de brinquedos americano.

Mande mais dinheiro

Os enigmas criptoaritméticos são alguns
dos enigmas verbais mais desafiadores.

Os enigmas criptoaritméticos são equações algébricas nas quais letras individuais podem ser substituídas por dígitos de 0 a 9.

Nesses enigmas, cada letra representa um único dígito. Assim como na aritmética comum, zeros à esquerda não são permitidos; ou seja, o primeiro dígito de um número de vários dígitos não pode ser zero. Os enigmas normalmente possuem apenas uma solução.

O enigma criptoaritmético mais famoso foi concebido em 1924 por Ernest Dudeney (veja na página 103).

```
  SEND
+ MORE
------
 MONEY
```

A única solução para esse enigma (que em português significa "Mande mais dinheiro")

é: S = 9, E = 5, N = 6, D = 7, M = 1, O = 0, R = 8, Y = 2. Ou

```
   9587
 + 1085
 ------
  10652
```

Você pode tentar esses enigmas (respostas na página 165):

```
   ONE
 + ONE
 -----
   TWO
```

```
  FORTY
+   TEN
+   TEN
------
  SIXTY
```

Repetindo a sequência de dígitos

Números cíclicos são os mais
impressionantes dos números inteiros.

Um número cíclico se repete infinitamente; é um inteiro que ao ser multiplicado por 1, 2, 3... *n* produz os mesmos dígitos em uma ordem cíclica. O menor e mais conhecido número cíclico é 142857:

$$142857 \times 1 = 142857$$
$$142857 \times 2 = 285714$$
$$142857 \times 3 = 428571$$
$$142857 \times 4 = 571428$$
$$142857 \times 5 = 714285$$
$$142857 \times 6 = 857142$$

Porém, ao ser multiplicado por 7, a resposta é um número de sete dígitos, ainda incrível:

$$142857 \times 7 = 9999999$$

Os números cíclicos ocorrem quando temos um número primo, digamos, *p*, e seu recíproco *1/p*, na forma decimal, apresenta uma sequência recorrente com *(p – 1)* dígitos. O primeiro número primo com essa propriedade é 7, e 1/7 dá

0,142857142857... (as reticências implicam que o padrão de repetição segue indefinidamente)

Isso também pode ser escrito como $0,\overline{142857}$ (a barra sobre a sequência 142857 significa que o padrão se repete para sempre na dízima periódica, e é chamado de "período"). 1/3 em decimais torna-se $0,\overline{3}$ ou 0,33333...

Os números primos 17, 19, 23, 29, 47, 59, 61 e 97 também possuem essa propriedade, e os próximos oito números cíclicos podem ser obtidos encontrando-se seus recíprocos. Todos os números cíclicos gerados por esses números primos começam com um ou mais zeros. Por exemplo, 1/17 dá

0,0588235294117647...

Ou o número cíclico de dezesseis dígitos,

0588235294117647

Quando multiplicado pelos números de 1 a 16, o número

é repetido em ordem cíclica; porém, ao ser multiplicado por 17, a resposta é – sem surpresas aqui – uma linha de dezessete dígitos de:

99999999999999999

Outra propriedade interessante dos números cíclicos é que eles todos possuem um número par de dígitos, e quando partidos pela metade, produzem dois números cuja soma sempre resulta em uma linha de noves:

05882352
94117647
—————
99999999

Ethel Cowell, a quem Lewis Carroll ensinou lógica quando ela era jovem, diz em seu livro *Time and Time Again* [em português sendo algo próximo de "Uma vez e mais outra"], de 1941, sobre como a festa do Chapeleiro Maluco em *Alice no País das Maravilhas* (1865) ilustra a ideia de números cíclicos:

"Então ficam mudando de um lugar para o outro em círculos, não é?", disse Alice:

"Exatamente", concordou o Chapeleiro, "à medida que a louça se suja".

"Mas o que acontece quando chegam de novo ao começo?"

Alice se aventurou a perguntar.

CARROL, Lewis. Alice. ed coment. Rio de Janeiro: Jorge Zahar Editor, 2002.

Bem, Alice, você começa de novo e de novo...

Quantos quadrados existem em um tabuleiro de xadrez?

A resposta, definitivamente, não é 64.

De acordo com uma história popular, um rei da Índia Antiga estava tão empolgado com a descoberta do xadrez que concedeu um desejo ao inventor.

O sagaz inventor disse que desejava um grão de arroz no o primeiro quadrado, dois no segundo, quatro no terceiro, oito no quarto, e assim por diante, até o 64º quadrado. O rei, ignorando o resultado, concordou com o pedido modesto. Porém, 2 elevado à 64ª potência é um número extremamente grande: 18.446.744.073.709.551.616. O número de grãos de arroz seria mais do que suficiente para cobrir toda a superfície da Terra. O rei, de acordo com a história, ao perceber seu erro, ordenou que decapitassem o inventor.

Agora, ao nosso tópico: o tabuleiro de xadrez possui 64 unidades quadradas que não se sobrepõem, mas se começarmos a contar quadrados sobrepostos, encontraremos também 49 quadrados com lado de 2 unidades (cada quadrado consiste de quatro quadrados de 1 unidade), 36 quadrados de 3 unidades, e assim por diante.

A soma de todos os quadrados com lado de uma, duas e três unidades é $8^2 + 7^2 + 6^2$. Se continuarmos com nossos cálculos, chegaremos à série que fornece a seguinte resposta:

$$8^2 + 7^2 + 6^2 + 5^2 + 4^2 + 3^2 + 2^2 + 1^2 = 204$$

Talvez o inventor estivesse esperando ser pago por 204 quadrados, ou seja, 2^{204} grãos, um número bem maior do que googol (veja na página 137).

Quantos sudokus?

Sudoku significa "números soltos"
em japonês.

O Sudoku é uma grade de 9 x 9 células feita de caixas 3 x 3. Os campos em cada caixa são preenchidos com números de 1 a 9 de modo que nenhuma coluna, linha ou diagonal contenha o mesmo número duas vezes, como mostrado abaixo:

4	6	8	9	2	7	3	1	5
9	2	1	6	5	3	8	4	7
5	7	3	1	4	8	2	6	9
3	1	5	4	8	6	9	7	2
6	8	9	2	7	1	4	5	3
7	4	2	3	9	5	6	8	1
2	5	7	8	3	4	1	9	6
1	9	4	7	6	2	5	3	8
8	3	6	5	1	9	7	2	4

Um quebra-cabeça tipo Sudoku, chamado de Lugar do Número, apareceu pela primeira vez nos Estados Unidos em 1979. O quebra-cabeça foi levado em seguida para o Japão, em 1984.

Em 1997, Wayne Gould, um juiz neozelandês aposentado que morava em Hong Kong, ficou hipnotizado quando viu um quebra-cabeça parcialmente preenchido em uma livraria japonesa. Ele passou seis anos escrevendo um programa de computador que gerava grades de Sudoku automaticamente. Em 2004, o jornal *London Times* incorporou o quebra-cabeça em suas páginas. Em 2005, o *New York Post* tornou-se o primeiro jornal americano a publicar o jogo diariamente.

Keh-Ying-Lin, um professor de física da Universidade Nacional Tsing Hua, no Taiwan, calculou que o número total de sudokus é de 6.670.903.752.021.072.936.960, um dado reconfortante para os viciados em Sudoku!

Veja também Quadrado mágico (p. 63).

Tão simples quanto jogo da velha?

Na verdade não, o jogo da velha é um jogo de habilidade.

É simples como jogo da velha; três na sequência, e tão fácil quanto matar aula.
Eu esperei que encontrássemos um modo mais complicado do que isso, Huck Finn.
Mark Twain em *As Aventuras de Huckleberry Finn* (1884)

O jogo da velha, também conhecido como jogo do galo, é um jogo de papel e caneta para dois jogadores.

É possível que sua origem esteja em jogos mais antigos, mas Charles Babbage foi o primeiro a descobrir suas regras em 1820. Ele o chamou de *tit tat* e projetou uma máquina para jogá-lo. Assim como suas máquinas analítica e diferencial, ela nunca foi construída (veja na página 87).

Como você sabe, no jogo da velha temos dois jogadores alternando para marcar O ou X em uma das nove casas em uma grade 3 x 3. Vence o jogador que posicionar primeiro três marcas idênticas em uma linha horizontal, diagonal ou vertical. Ainda que existam 255.168 jogos possíveis, você não pode vencer um oponente experiente. Ele sempre causará um empate, já que o jogo da velha é um jogo de soma zero (veja na página 117).

Aqui estão algumas dicas certeiras se você está jogando contra um novato:

Se você for o primeiro a começar, comece com um quadrado do canto.

Se seu oponente começar com o centro, contra-ataque ocupando um quadrado do canto.

Se o seu oponente ocupar algum quadrado: a) próximo a você, ocupe o centro; b) oposto horizontal ou verticalmente, escolha o quadrado oposto a você na diagonal; c) qualquer outro quadrado, escolha o oposto a seu primeiro quadrado.

Matemática para os ouvidos

A música e a matemática estão ligadas
intrinsecamente desde o século 6 a.C.

Pitágoras, hoje lembrado principalmente pelo teorema que leva seu nome (veja na página 18), foi o primeiro a aplicar a matemática à música.

A lenda diz que ele ligou a música à matemática quando estava passando por um ferreiro e ouviu os sons de vários martelos batendo contra o metal. Notas diferentes eram produzidas por martelos de pesos diferentes. Ele se perguntou se notas diferentes estariam relacionadas ao peso do martelo.

Ele e seus seguidores, conhecidos como pitagóricos, fizeram experimentos simples sobre o som produzido, puxando uma linha esticada, e descobriram que o tom da nota dependia do comprimento da linha vibrante. Eles também descobriram que os tons eram harmoniosos quando os comprimentos das linhas tinham proporções com números inteiros, como 2:3 ou 3:4, e toda uma escala musical podia ser produzida com proporções inteiras do comprimento de uma linha. Eles foram os primeiros a mostrar que a harmonia musical era uma propriedade matemática.

O matemático francês Jean Baptiste Joseph Fourier (1768-1830), conhecido pelos estudantes da matemática superior por sua série de Fourier, descobriu um método que pode ser aplicado à análise do som musical. Ele percebeu que qualquer oscilação periódica, como uma onda sonora, pode ser descrita por um conjunto de curvas de seno definidas pela função $y = sen(x)$. Essas curvas senoidais podem ser usadas para descrever o padrão de qualquer tipo de onda.

Hoje a ligação entre música e matemática tornou-se mais forte do que nunca. A música de hoje é digital, pelo menos no modo como é gravada, comprimida, armazenada, transmitida e ouvida.

Jogue googol no Google

E você descobrirá um número
muito, mas muito grande.

A palavra "googol" possui uma história interessante.

Quando o matemático americano Edward Kasner (1878-1955) perguntou a seu sobrinho de 9 anos, Milton Sirotta, que nome ele daria a um número muito grande, este respondeu "googol". Kasner usou a palavra para o número 10^{100} (1 seguido de 100 zeros). Aquilo foi em 1938; desde então, a palavra caiu no gosto popular e é mencionada frequentemente quando falamos de números grandes. O buscador Google é uma brincadeira com a palavra googol.

Posteriormente, Kasner estendeu o googol para o ainda maior "googolplexo", que é igual a 1 seguido de número googol de zeros, ou

$$10^{googol} \text{ ou } 10^{10^{100}}$$

O maior número que você pode escrever com apenas três dígitos não é 999 ou 99^9, ou mesmo 9^{99}, e sim

$$9^{9^9}$$

O número expressa 9 elevado à nona potência de 9. Como 9^9 é 387420489, o número pode ser escrito como $9^{387420489}$. A resposta contém 369 milhões de dígitos. Revire-se no túmulo, googol! Este é um número que clama por um nome. Resolva este impasse, se você tiver 9 anos de idade.

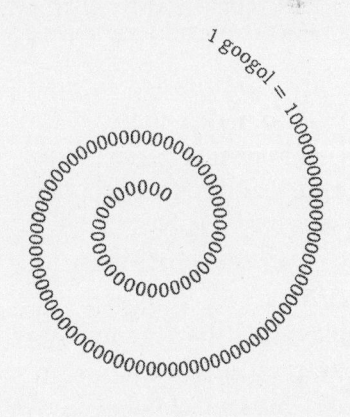

1 googol = 10000000000...

A ciência espacial do pagamento de hipoteca

Um modo simples de reduzir a quantidade total de juros em hipotecas.

Em 1970, os *"rocket scientists"* ["cientistas de foguete"] (físicos e engenheiros que foram trabalhar no mercado financeiro depois das demissões oriundas do encolhimento do programa espacial da NASA) aplicaram modelos matemáticos complexos para entender como o mercado financeiro funciona e como a economia se comporta.

Um modelo matemático é uma versão matemática de uma situação da vida real. É realista o suficiente para fornecer boa visualização da vida real, mas é mais simples de lidar do que ela.

O modelo matemático não é apenas relevante para grandes instituições financeiras. Até mesmo indivíduos podem aplicar as ideias para tomar decisões financeiras bem embasadas. Nos pagamentos de empréstimos, o método de amortização da dívida é usado para calcular o pagamento de cada mensalidade. Você paga juros pelo que deve naquele mês, em vez de pagar juros sobre o valor total. A fórmula complexa usada para calcular pagamentos mensais de empréstimos é um modelo matemático simples que mostra a relação entre pagamentos mensais (Q) e o número total de meses necessários para pagar o empréstimo (n). O modelo revela que um aumento leve em Q resultará em uma grande diminuição em n. Por exemplo, os pagamentos mensais para um empréstimo de R$ 100.000,00 a 6% de juros por 15 anos são de R$ 844,00. Se o pagamento do empréstimo aumenta em R$ 100,00 por mês para R$ 944,00, o empréstimo terá sido pago em 12 anos e meio, em vez de 15. E os juros totais diminuem de R$ 51.920,00 para R$ 41.600,00.

Assim, a lição dos *"rocket scientists"* é que, ao pagar um empréstimo, tente pagar um pouco a mais todo mês, em vez da quantidade mínima mensal.

Uma questão de juros

Esta regra prática torna simples
o cálculo de juros compostos.

Certa vez, pediram a Einstein que ele apontasse a maior descoberta do século 20. A maioria esperou que ele se referisse à energia nuclear ou a outra descoberta científica, mas sua resposta foi: os juros compostos. A história é de autenticidade duvidosa, mas ela ressalta a importância dos juros compostos.

A regra do 72 diz que para encontrar o número de anos necessários para dobrar seu dinheiro com determinada taxa de juros, você pode simplesmente dividir 72 pela taxa anual. Por exemplo, para descobrir quanto demoraria para dobrar seu capital a 8% de juros, divida 72 por 8 e você terá 9 anos. A regra também funciona da maneira inversa. Você pode usá-la para calcular os juros se você souber que seu dinheiro dobraria em tantos anos dividindo 72 pelo número de anos.

Por exemplo, para dobrar R$ 2.000,00 em 5 anos, você deveria investir com juros de 72/5 = 14,4%. Entretanto, se você economizar R$ 2.000,00 por ano pelos próximos cinco anos apenas, ganhando 10% ao ano em juros compostos sobre suas economias, você teria mais de R$ 57.000,00 depois de 20 anos. Os juros atingem um nível surpreendente de R$ 47.000,00 sobre um investimento inicial de R$ 10.000,00.

Benjamin Franklin disse certa vez que um homem possui três grandes amigos: uma mulher velha, um cachorro velho e os juros compostos. Hoje podemos dizer que uma pessoa tem três grandes amigos: um investimento inicial modesto, tempo e juros compostos.

Seguir profissionais de investimento como gado?

Axiomas baseados na experiência de profissionais, e não em teorias matemáticas.

Não ponha todos os ovos no mesmo cesto

Você pode dispersar o risco colocando seu dinheiro para render em diversos tipos de investimentos: ações, fundos administrativos, propriedades, e até mesmo coleções de arte e antiguidades.

Você pode reduzir o risco ainda mais dispersando com cuidado o dinheiro de acordo com o tipo de investimento. Por exemplo, você pode diversificar seus investimentos em ações investindo em ações nacionais, internacionais, industriais, de recursos, ações de empresas líderes de mercado e empresas pequenas.

O desempenho do passado não é um indicador de desempenho futuro

A maioria das instituições financeiras aconselha que se deve ter cuidado ao confiar no desempenho passado como indicador do desempenho futuro.

Não siga como uma ovelha um investidor particular ou um amigo

Warren Buffett, o lendário investidor norte-americano e um dos homens mais ricos do mundo, é conselheiro na Corporação Berkshire Hathaway. Sua carta anual para os acionistas da Berkshire Hathaway fornece uma visão de sua filosofia de investimento.

Em uma dessas cartas, Buffet relata uma anedota dos anos 1950, de Benjamin Graham, seu professor e mentor na Escola de Negócios de Columbia. A anedota é mais ou menos assim:

Um investidor de petróleo, ao se mudar para o céu, encontrou São Pedro, que tinha más notícias. "Você está qualificado para morar aqui", disse ele, "mas, como você pode ver, o local reservado para investidores de petróleo está cheio. Não há modo de colocá-lo lá".

140

Depois de pensar por um momento, o investidor perguntou se poderia dizer apenas quatro palavras para os ocupantes presentes. A ideia pareceu inofensiva a São Pedro, de modo que o investidor pôs as mãos ao redor da boca e gritou: "Descobriram petróleo no inferno!".

Imediatamente, o portão do lugar se abriu e todos os investidores de petróleo saíram. Impressionado, São Pedro convidou o investidor para entrar e se acomodar à vontade. O investidor parou por um momento. "Não", disse ele. "Acho que vou com o resto dos rapazes. Talvez tenha alguma verdade nesse rumor, afinal".

Moral da história: tome suas decisões financeiras com base nas circunstâncias e no conselho de profissionais de investimentos, mas não siga de forma inocente um investidor particular, ou mesmo um amigo.

Sexta-feira 13

A ideia de números da sorte ou do azar tem raízes profundas na História.

O matemático do século 6 a.C., Pitágoras (famoso por seu teorema, veja na página 18), pode ter iniciado a superstição com números.

Além das figuras geométricas, os números também o fascinavam. Suas palestras eram sempre tão inspiradoras que alguns de seus alunos se organizaram em uma irmandade para continuar suas ideias. Eles se chamavam de pitagóricos.

Os pitagóricos acreditavam que os números governavam o universo. Para eles, cada número era dotado de sua qualidade e personalidade peculiares. Eles consideravam números pares como femininos e ímpares como masculinos. Associavam o número 1 à razão, 2 à opinião, 3 ao mistério, 4 à justiça, 5 ao casamento, e assim por diante. Resquícios dessas ideias elaboradas ainda estão presentes na nossa cultura. Por exemplo, quatro pontos formam um quadrado, então um "acordo quadrado" denota justiça.

A filosofia dos números dos pitagóricos foi posteriormente dividida em duas correntes: a teoria dos números e a numerologia. Assim como a astrologia não possui nenhuma relação com a astronomia moderna, a numerologia nada tem a ver com a teoria dos números moderna. A numerologia – um sistema que usa nomes e datas de nascimento para revelar traços de personalidade e prever o futuro – é baseada em ideias da moda, e as características atribuídas aos números são tão arbitrárias quanto pessoais.

Para algumas pessoas, a sexta-feira 13 é a confluência do dia mais azarado com o número mais azarado. Os psicólogos dizem que se você teme a sexta-feira 13, você pode sofrer de parascavedecatriafobia ou frigatriscaidecafobia. Os sintomas dessa fobia variam desde ansiedade comum até ataques de pânico. No calendário gregoriano (veja na página 47), há sempre pelo menos uma sexta-feira 13 durante o ano e nunca há mais que três. É um fato reconfortante, se você sofre disso.

Jogando com as probabilidades

Para ganhar, você tem de jogar.

A probabilidade de selecionar ao acaso uma bola com determinado número, digamos 12, em uma caixa com 45 bolas numeradas de 1 a 45, é de 1/45. Se você precisa selecionar aleatoriamente seis bolas, as possibilidades aumentam para 1 em 8 milhões.

As possibilidades aumentam para 1 em cerca de 14 milhões se você precisa escolher aleatoriamente seis bolas em uma caixa contendo 49 bolas numeradas, e de 1 em 19 milhões se a caixa tiver 51 bolas. Ainda que as probabilidades estejam decididamente contra elas, milhões de pessoas compram bilhetes de loteria todos os dias.

O imperador romano César provavelmente conduziu a primeira loteria por uma causa da comunidade, para levantar fundos para a cidade de Roma. As loterias eram simples, pois envolviam a retirada de um número em algumas centenas ou alguns milhares. As loterias federais dos dias de hoje são assunto complicadíssimo.

Eis alguns mitos das loterias modernas:

A chance de você ser morto por um raio é maior que a sua chance de ganhar na loteria

A chance de ser atingido por um raio é estimada em cerca de 1 em 10,5 milhões. Ganhar na loteria, portanto, não é tão mais fácil; entretanto, as loterias oferecem uma vantagem: não existe segundo prêmio para quem é quase atingido por um raio, enquanto as loterias oferecem prêmios menores, para os quais as chances são bem melhores.

Quanto maior o prêmio, menores as chances de ganhar

As chances de ganhar uma loteria nunca mudam. Contudo, é possível que, se um prêmio for muito alto, mais pessoas comprem bilhetes, o que aumentará as chances de precisar dividir o prêmio.

Existem números da sorte e do azar

Todo número tem a mesma chance de ser tirado. Até mesmo

combinações "estranhas", como 1, 2, 3, 4, 5, 6 têm a mesma chance de ganhar que qualquer outra combinação como, digamos, 5, 12, 29, 31, 38 e 40. Alguns jornais publicam listas e tabelas da frequência de números sorteados.

Entretanto, de acordo com a teoria da probabilidade, esses cálculos não têm valor. É uma perda de tempo usar números do passado para adivinhar os do futuro. Da mesma forma, não existe um número "quente" (que tenha saído muito nos últimos jogos), ou "zebra" (um número que não aparece há algum tempo).

Os sistemas de loteria podem ajudá-lo a escolher os números da vitória

Não existem sistemas lotéricos ou estratégias de sucesso que possam te ajudar com a aposta. Se houvesse um sistema como esse, todos os matemáticos seriam pessoas muito ricas, e não lecionariam em escolas ou faculdades.

Não perca tempo com "estratégias certeiras", que prometam "dar uma vantagem sobre outras pessoas que só escolhem números aleatoriamente ou, pior ainda, compram bilhetes gerados no computador". Nenhum computador, fórmula chique ou livro podem te ajudar a mudar as chances de ganhar na loteria.

Você pode melhorar suas chances de vencer em uma dada loteria comprando mais bilhetes

Na verdade, quanto mais bilhetes você compra, mais dinheiro perde.

A loteria é um investimento

O Dr. Fred M. Hoppe, um professor canadense de matemática e estatística, desenvolveu cálculos muito interessantes. Ele diz que se uma pessoa gasta 25 dólares canadenses por semana na loto do Canadá, escolhendo 6 números em 49 por 20 anos, a pessoa teria perdido cerca de 13 mil dos 24 mil totais do investimento. Ao longo dos 20 anos, pode-se esperar que alguém ganhe cerca de 459 prêmios de quinto lugar, que valem dez dólares, e 25 prêmios de quarto lugar, que variam em torno de 73,50 dólares canadenses.

As chances de ganhar o prêmio maior são ínfimas: 0,47 prêmios de terceiro lugar, valendo 2.300 dólares, e 0,01 chances do de segundo lugar, de 131.934 dólares, e finalmente 0,00185 prêmios de 2,2 milhões de dólares. "Estes números são médias, ou expectativas, e não certezas", ele avisa. Se essa pessoa investe 25 dólares em um fundo de poupança e a taxa de retorno é de cerca de 12% ao ano, ele ou ela coletaria 98.925 dólares em 20 anos.

Veja também Teoria da probabilidade (p. 70).

Faça esse simples teste...

Para determinar o quanto você é racional.

Imagine que um tio cheio do dinheiro te ofereça uma chance de escolher a) ou b):

- a) 1 milhão em dinheiro;
- b) uma chance de 10% de receber 5 milhões, uma chance de 89% de receber 1 milhão e uma chance de 1% de não receber nada.

E uma tia cheia do dinheiro te oferece uma escolha entre c) ou d):

- c) uma chance de 11% de receber 1 milhão e uma chance de 89% de não receber nada;
- d) uma chance de 10% de receber 5 milhões e uma chance de 90% de não receber nada.

Nos dois casos, qual oferta você escolheria?

Um problema parecido foi proposto em 1951 pelo economista francês Maurice Allais (1911-2010), que ganhou o Prêmio Nobel de Economia em 1988. Dados coletados por ele, e depois confirmados por pesquisadores subsequentes, mostram que as pessoas preferem a) a b) e d) a c).

No caso da oferta do tio, o valor esperado de a) é de 1 milhão, enquanto o valor esperado de b) é de 1,39 milhão. Isso significa que as pessoas maximizam a utilidade esperada, e não o valor esperado. No caso da oferta da tia, o valor esperado de c) é de $ 110.000,00, enquanto o valor esperado de d) é de $ 500.000,00.

Se as pessoas preferem d) a c), elas estão maximizando o valor esperado, porque as chances de ganhar são aproximadamente as mesmas em ambos os casos, mas a quantia é muito maior em d) do que c). A escolha popular com a oferta do tio é inconsistente com a oferta da tia; eis o paradoxo.

O paradoxo é um contraexemplo do axioma da independência, que diz que a escolha racional entre duas alternativas deve depender apenas de como essas alternativas diferem uma da outra.

Uma escala honesta

O IMC é uma medida de massa corporal
baseada na altura da pessoa.

O célebre cientista Arthur C. Clarke disse certa vez: a melhor medida da honestidade de um homem não é seu imposto de renda, e sim o ajuste do zero da balança em seu banheiro.

Saber o seu índice de massa corporal (IMC) pode dar uma ideia do quão saudável é seu peso (sem descalibrar sua balança do banheiro). Ele é calculado dividindo-se o peso em quilos pelo quadrado da altura em metros. Se, por exemplo, seu peso for de 60 quilos e sua altura for 1,65, aperte as seguintes teclas em sua calculadora: 60 ÷ 1,65 ÷ 1,65 =. A resposta será 22.

O IMC de um adulto pode ser analisado da seguinte maneira:

- Abaixo do peso – abaixo de 18,5;

- Dentro do recomendado – de 18,5 a 24,9;

- Acima do peso – entre 25 e 29,9;

- Obeso – acima de 30.

Números que moram no seu coração

O conhecimento da matemática básica dos níveis de colesterol e pressão arterial pode salvar vidas.

O nível de colesterol

"Cuidado com o colesterol" é o mantra que os médicos pregam para seus pacientes mais velhos. Colesterol demais no sangue causa aterosclerose, o enrijecimento das artérias, que é o responsável por grande parte dos ataques cardíacos.

Existem dois tipos de colesterol: LDL (lipoproteína de baixa densidade), o famoso colesterol "ruim", porque é depositado na parede das artérias e causa coágulos, e o HDL (lipoproteína de alta densidade), conhecido como o "bom" colesterol, pois desentope as artérias. Quanto maior o seu nível de LDL, maior o seu risco de problemas cardíacos;

contudo, quanto maior seu nível de HDL, melhor.

Quando falamos sobre níveis de colesterol, normalmente falamos do colesterol total. Trata-se da medida mais comum de colesterol no sangue: no Brasil, é a proporção em miligramas por decilitro de sangue (mg/dL). Em alguns países, o colesterol é medido em milimol por litro de sangue (mmol/L).

Os números seguintes referem-se ao colesterol total de adultos; são aproximados e dependem de outros fatores de risco, como histórico familiar, obesidade, pressão alta, fumo e qualquer outro histórico de doença cardíaca e infarto.

Categoria	Nível total de colesterol (em mg/dL)	Nível total de colesterol (em mmol/L)
Desejável	Abaixo de 200	Abaixo de 5,5
Limite	200 a 239	5,5 a 6,5
Alto	Acima de 240	Acima de 6,5

Uma pessoa com nível "alto" de colesterol tem mais que o dobro do risco de doença cardíaca de uma pessoa com o nível desejável de colesterol.

Pressão arterial

A hipertensão, ou pressão alta, é chamada de "assassina silenciosa", porque as pessoas não podem sentir ou perceber seus sintomas. As chances de hipertensão de qualquer pessoa aumentam com a idade, tornando-se mais comum depois dos 35.

A pressão arterial é a pressão exercida pelo sangue nas artérias. No Brasil, é medida em centímetros de mercúrio (cmHg). A pressão arterial é sempre expressa com dois valores, que representam as pressões de sístole e diástole. A sístole gera pressão quando o coração se contrai e o sangue flui para as artérias, e a diástole ocorre quando o músculo cardíaco relaxa e o coração se enche de sangue das veias. A leitura da pressão arterial é sempre escrita com um número sobre o outro, com o número sistólico em cima e o diastólico embaixo. Por exemplo, 12/8 (12 por 8) cmHg. A seguir, são mostrados alguns valores da pressão arterial para adultos (em cmHg).

Categoria	Sistólica	Diastólica
Ótima	<12,0	<8,0
Normal	<13,0	<8,5
Normal alta	13,0 a 13,9	8,5 a 9,0
Hipertensão		
Fase 1	14,0 a 15,9	9,0 a 9,9
Fase2	16,0 a 17,9	10,0 a 10,9
Fase 3	>18,0	>11,0

Como ficar ereta

Um pouco de conhecimento de álgebra
pode te ajudar se você é fã de salto alto.

Cientistas prestativos do prestigioso Institute of Physics, uma organização científica com membros em todo o mundo, criou uma fórmula simples para ajudar as mulheres a descobrir qual é a altura máxima que seu salto alto pode ter sem que elas caiam ou sofram outras agonias. A fórmula é:

$$h = Q \times (12 + 3s / 8)$$

Onde h é a altura máxima do salto, em centímetros, Q é um fator sociológico e possui valor entre 0 e 1, e s é o tamanho do sapato.

Q, o fator sociológico, é determinado por uma fórmula complexa baseada em outros fatores, como número de anos de experiência com salto (conforme você se adapta, você pode usar saltos mais altos), o custo do sapato (claramente, se os sapatos forem particularmente caros, você pode aguentar um pouco mais!), tempo gasto desde que os sapatos estiveram na última moda (se os sapatos estiverem muito na moda, você deve se preparar para suportar um pouco de dor), e o número de drinques que você planeja ingerir (para que você possa dar uma desculpa pela coordenação prejudicada). Q também inclui a probabilidade de usar os sapatos e eles te ajudarem a "se dar bem" (numa escala de 0 a 1, na qual 1 é puro sucesso e 0 significa que seria melhor sair por aí de pantufa). "Se os sapatos forem trágicos, não adianta insistir em usar", dizem os cientistas.

Outro estudo científico, conduzido por Maria Cerruto, da Universidade de Verona, na Itália, mostrou que sapatos com salto moderado não são tão ruins para a saúde da mulher, ao contrário do que outros sugerem. "O salto trabalha os músculos pélvicos e reduz a necessidade de exercitá-los", diz Cerruto. "Usar o salto durante atividades do dia a dia pode reduzir a necessidade de exercícios de chão, que mantêm aquela parte da anatomia feminina firme e elástica". Suas descobertas são baseadas em um estudo com 66 mulheres com menos de 50 anos que mantiveram os pés num ângulo de 15° em relação ao chão – equivalente a um salto de cinco centímetros. Profissionais em sapatos femininos aconselham que o salto deve sempre ter menos de 11,5 centímetros de altura. Qualquer coisa acima disso faz mal para a postura.

"Deve-se cuidar do mundo que não se verá"

Uma pegada de carbono é a medida do impacto das atividades humanas no ambiente em termos de quantidade da produção de dióxido de carbono (CO_2) e outros gases do efeito estufa. É medido em unidades de CO_2.

Sua pegada de carbono pessoal é o efeito direto que seu estilo de vida tem sobre o ambiente.

Seus deslocamentos e viagens e o uso de eletricidade em casa são provavelmente as maiores influências diretas para a sua pegada de carbono pessoal. As roupas que você veste, a comida que ingere e várias outras atividades contribuem indiretamente para sua pegada de carbono. Estima-se que a média da pegada de carbono individual no mundo desenvolvido é de 9.700 quilos de CO_2 por ano.

O Painel Intergovernamental sobre Mudanças Climáticas, que dividiu o Prêmio Nobel da Paz de 2007 com Al Gore, avisa que não podemos mais ignorar as evidências de que a atividade humana está causando o aquecimento global: "Existe uma evidência nova e mais forte de que a maioria do aquecimento observado nos últimos cinquenta anos pode ser atribuída à atividade humana".

O Painel projeta que nosso planeta deverá ganhar entre 1,1 °C e 6,4 °C neste século, enquanto o nível do mar pode aumentar entre 18 e 59 centímetros até 2100, havendo pelo menos 90% de chance de que extremos, como ondas de calor e chuvas fortes, tornem-se mais frequentes.

Mahatma Gandhi (1869-1948) certa vez disse: "Deve-se cuidar do mundo que não se verá". Se quisermos salvar nosso planeta, devemos fazer a nossa parte para reduzir os gases do efeito estufa, que causam o aquecimento global. Até mesmo medidas simples – como usar lâmpadas fluorescentes, reciclar o lixo doméstico, usar o refrigerador na configuração mínima, plantar árvores de sombra, fazer isolamento de paredes e tetos em sua casa e, quando possível, andar ou pedalar ao invés de dirigir – tudo isso pode ajudar a reduzir a emissão de carbono. Você pode usar a tabela abaixo para criar seu próprio plano para reduzir sua pegada de carbono:

Sua pegada de carbono ao usar:	
1 kWh (ou unidade) de eletricidade	0,43 kg de CO_2
1 kWh (ou unidade) de gás	0,19 kg de CO_2
1 litro de gasolina	2,31 kg de CO_2
1 km de viagem de trem	0,049 kg de CO_2
1 km de viagem de ônibus	0,01 kg de CO_2
1 km de viagem de avião	0,3 kg de CO_2

Fonte: *How to Live a Low-Carbon Life* (Earthscan, 2007).

Uma brevíssima história
da matemática

Ao contrário de seus colegas de peso, *Uma breve história do tempo* (1988), de Stephen Hawking, e *Breve história de quase tudo* (2003), de Bill Bryson, esta história é bastante leve.

(Aritmética, álgebra,
geometria)
Ensinadas nas escolas
Conhecidas
HÁ SÉCULOS;
E mesmo
O curso comum da
FACULDADE
Remonta a
TRÊS SÉCULOS ATRÁS,
A analítica foi criada por
Descartes,
E o cálculo por Newton,
Os dois no século 17.

E mesmo assim, o fato é que
A matemática,
MESMO ATÉ MAIS
QUE A CIÊNCIA,
Continua avançando
Desde aquela época.

> Lillian R. Lieber, *Galois and the Theory of Groups* (1932)

* * *

A progressão das ideias matemáticas:

Platão: "O instrumento de Deus é a geometria".

Jacobi: "O instrumento de Deus é a aritmética".

Dedekind: "O instrumento do homem é a aritmética".

Cantor: "A essência da matemática está em sua liberdade".

Miriam H. Young em *Arithmetic Teacher* (Maio de 1964).

Observação: Platão (429 a.C.-347 a.C.), Carl Jacobi (1804-1851), Richard Dedekind (1831-1916), Georg Cantor (1845-1918).

* * *

Um camponês russo veio a Moscou pela primeira vez... Ele foi ao zoológico e viu as girafas. Você talvez encontre uma moral em sua reação: "Veja", ele disse: "o que os bolcheviques fizeram com os nossos cavalos". Eis o que a matemática moderna tem feito com a geometria simples e a aritmética simples.

Edward Kasner e James R. Newman, *Mathematics and the Imagination* (1940).

* * *

Eu não consigo fazer sem o contador.

Palhaço, para Autolycus, na peça de Shakespeare *Conto de inverno*, Ato 4, Cena 3. (1623)

Observação: Hoje, o Palhaço não consegue fazer sem calculadoras ou computadores, a matemática, digo.

Então você quer ser um matemático?

Conselhos de profissionais, palavra por palavra!

Mantenha a mente aberta, mas não tão aberta que o seu cérebro caia no chão.

Ian Stewart, *Letters to a Young Mathematician* (2006)

* * *

O melhor modo de fazer matemática é fazer matemática... O leitor é impelido a adquirir o hábito de ler com lápis e papel na mão; dessa maneira, a matemática se tornará mais importante para ele a cada dia.

József Kürschák, *Problema Húngaro Livro 1*, 1963

* * *

Quanto mais claro o professor deixar tudo pra você, pior será. Você deve enxergar as coisas por si só e criar suas próprias ideias.

William F. Osgood, *The American Mathematical Monthly* (dezembro de 1984)

* * *

Para ser um acadêmico da matemática, você deve nascer com talento, intuição, concentração, gosto, sorte, persistência e a habilidade de visualizar e adivinhar.

Paul R. Halmos, *I Want to Be a Mathematician* (1985)

* * *

Os números escritos nas contas de restaurante, confinados aos restaurantes, não seguem as mesmas regras matemáticas dos números escritos em quaisquer outros pedaços de papel do universo. Essa simples frase arrebatou o mundo científico como uma tempestade; revolucionou-o completamente. Tantas conferências matemáticas foram feitas em bons restaurantes que muitas das melhores mentes de uma geração morreram de obesidade e doenças cardíacas, de modo que a matemática teve sua evolução atrasada em anos.

Douglas Adams, *A vida, o universo e tudo mais* (1982)

Edmund Landau

"Esqueça tudo o que você aprendeu na escola"

Uma palavrinha de um mestre da matemática.

O matemático alemão Edmund Landau (1877-1938) foi um matemático teórico cuja principal área de interesse era a teoria dos números (veja na página 77).

Seus trabalhos estão além do nível deste livro e ele aparece aqui apenas devido a um prefácio único que escreveu em um de seus livros didáticos. Ele possuía um estilo de escrita muito peculiar, que ele mesmo descrevia como "estilo do telegrama impiedoso".

Landau escreveu muitos livros sobre a matemática superior, mas o que nos interessa é *Grundlagen der Analysis* (1930), que aparece na tradução para o inglês em 1950 como *Foundations of Analysis*. Nesse livro, ele escreveu dois prefácios, um para alunos e um para professores. O dos alunos começa da seguinte maneira:

1. Por favor não leia o prefácio do professor.

2. Eu peço apenas a habilidade de ler bem o idioma e pensar com lógica; nada de matemática do ensino médio, e muito menos alta matemática.

3. Por favor, esqueça tudo o que você aprendeu na escola, pois você não aprendeu nada.

4. A tabuada não aparecerá neste livro, nem mesmo o teorema $2 \times 2 = 4$, mas eu recomendaria, como um exercício, que você defina
$$2 = 1 + 1,$$
$$4 = (((1 + 1) + 1) + 1),$$
e então prove o teorema.

O prefácio para o professor termina com as seguintes palavras:

Espero que eu tenha escrito este livro de forma que um aluno comum possa lê-lo em dois dias. E então (já que ele já conhece as regras formais da escola), ele poderá esquecer seu conteúdo.

Quando XXX não é um filme de ação

O conhecimento dos algarismos romanos pode te ajudar a decifrar coisas como MCMLXXX em um monumento majestoso, ou mesmo os créditos ao final de um filme.

Os algarismos romanos são representados por sete letras maiúsculas do alfabeto:

I – um

V – cinco

X – dez

L – cinquenta

C – cem

D – quinhentos

M – mil

Existem duas regras principais: (a) quando um símbolo de número é precedido de um de valor menor, subtraia aquele valor para chegar ao número; (b) quando o símbolo é seguido de outro de valor igual ou menor, some-os. O número 4 às vezes é escrito como IIII (como em relógios analógicos), e 400 como CCCC.

1	2	3	4	5	6	7
I	II	III	IV	V	VI	VII
8	9	10	25	50	65	90
VIII	IX	X	XXV	L	LXV	XC
100	350	500	800	900	1000	2000
C	CCCL	D	DCCC	CM	M	MM

Uma data qualquer

Um modo fácil de descobrir o dia da semana em que um determinado evento aconteceu ou acontecerá.

Siga os seguintes passos:

1. Pegue os dois últimos dígitos do ano (usemos a data de nascimento de Einstein, em 14 de março de 1879, como um exemplo; os dois últimos dígitos são 79).

2. Divida o número por 4 e descarte o resto. Some o resultado ao número do primeiro passo (79/4 = 19, se ignorarmos o resto; 19 + 79 = 98).

3. Na tabela 1, encontre o número do mês e acrescente o número à soma do segundo passo (o número para março é 4, e 4 + 98 = 102).

4. Divida a soma do passo três por 7 e anote o resto: se ele for 0, use 7 como número restante (102/7, o resto é 4).

5. Encontre o número do século na tabela 2 e acrescente-o ao resultado do quarto passo (o número do século de 1879 é 2 e 4 + 2 = 6).

6. A soma do quinto passo te dá o dia da semana, que você pode encontrar na tabela 3 (Einstein nasceu em uma sexta-feira).

Os passos acima podem ser resumidos em uma fórmula complexa, conhecida como a fórmula de Zeller, inventada por um matemático e religioso alemão chamado Richard Zeller (1824-99).

Tabela 1	
Números dos meses	
Janeiro	1
Fevereiro	4
Março	4
Abril	0
Maio	2
Junho	5
Julho	0
Agosto	3
Setembro	6
Outubro	1
Novembro	4
Dezembro	6

Para anos bissextos, janeiro é 0
e fevereiro é 3 (1800 e 1900 não foram
anos bissextos, mas 2000 foi)

Tabela 2	
Números dos séculos	
1700 a 1799	4
1800 a 1899	2
1900 a 1999	0
2000 a 2099	6
2100 a 2199	4

Os números se aplicam apenas ao
calendário gregoriano (veja na página 47)

Tabela 3	
Números dos dias	
Domingo	1
Segunda-feira	2
Terça-feira	3
Quarta-feira	4
Quinta-feira	5
Sexta-feira	6
Sábado	7

Potências de dez

A regra para usar potências de 10 em notação científica (e em um método altamente anticientífico para descrever curiosidades).

Em ciência, lidamos com números muito grandes e muito pequenos, que são inconvenientes para a leitura e difíceis de comparar.

Para superar essa dificuldade, usamos potências de 10. Nessa notação, um número é expresso na forma $N \times 10^m$, onde N é um número entre 1 e 10 e m é a potência apropriada (expoente). Por exemplo:

Número	Notação científica
1	1×10^0
10	1×10^1
100	1×10^2
1000	1×10^3
10000	1×10^4
0,1	1×10^{-1}
0,01	1×10^{-2}
0,001	1×10^{-3}
0,0001	1×10^{-4}
0,00001	1×10^{-5}

Prefixos para potências de dez

Prefixo	Abreviação	Múltiplo
iota-	Y	10^{24}
zeta-	Z	10^{21}
exa-	E	10^{18}
peta-	P	10^{15}
tera-	T	10^{12}
giga-	G	10^9
mega-	M	10^6
quilo-	k	10^3
hecto-	h	10^2
deca-	da	10
deci-	d	10^{-1}
centi-	c	10^{-2}
mili-	m	10^{-3}
micro-	μ (mu)	10^{-6}
nano-	n	10^{-9}
pico-	p	10^{-12}
femto-	f	10^{-15}
ato-	a	10^{-18}
zepto-	z	10^{-21}
yocto-	y	10^{-24}

Em armazenamento de dados de computador, quilo- é aplicado à base 2, e não 10, e denota 2^{10} (= 1024). De forma semelhante, mega-, giga- e tera- são aplicados à base 2 e denotam 2^{20} (1.048.576), 2^{30} (1.073.741.824) e 2^{40} (1.099.511.627.776), respectivamente

Ordem de grandeza

A ordem de grandeza é a potência de 10 que mostra os tamanhos relativos dos números. Por exemplo, um real (= 100 centavos = 10^2 centavos) é duas ordens de grandeza mais valioso que um centavo. As ordens de grandeza fornecem um modo simples de comparar medidas. Por exemplo, quando arredondadas para a próxima potência de dez, as massas da Terra e do elétron são de 10^{25} e 10^{-30} kg, respectivamente; ou seja, a massa da Terra é 55 ordens de grandeza maior que a do elétron.

Algarismos significativos

Os dígitos calculados com precisão em um número são conhecidos como algarismos significativos. Por exemplo, 672.584, 4.563.269 e 0,00520927 reduzidos a quatro algarismos significativos tornam-se 672.600, 4.563.000 e 0,005209. O resultado de um cálculo nunca tem mais algarismos significativos que o dado de entrada no cálculo. Se, por exemplo, um cálculo utiliza $\pi = 3,14$, então a resposta não pode ter mais de três algarismos significativos. As regras para escrever algarismos significativos são:

- Todos os dígitos que não são 0 são significativos: 24,5 possui três algarismos significativos.

- Todos os dígitos que sejam ou não 0 no número de base da notação científica são significativos: $2,10 \times 10^2$ tem três algarismos significativos.

- Em números menores do que 1, os zeros à direita da vírgula decimal não são significativos: 0,004 possui um algarismo significativo.

- Quando um zero aparece entre dois números que não são zero, ele é significativo: 10,2 possui três algarismos significativos.

- Zeros à direita da vírgula decimal e à direita de um dígito diferente de zero são significativos: 34,230 possui cinco algarismos significativos.

Arredondamento

Siga esta regra simples para arredondar um número: se o primeiro dígito depois daquele sendo arredondado for 5 ou mais do que 5, aumente o dígito à esquerda em uma unidade. Se ele for menor que 5, deixe como está. Por exemplo, se o pagamento de juros de um banco está calculado em $42,5683, ele deve ser arredondado para o centavo mais próximo. Já que o 6 na posição dos centavos está seguido de 8, 6 deve ser arredondado para 7, resultando em um pagamento de juros de $42,57. Da mesma forma, 75.643 pode ser arredondado para 75.640 (dezena mais próxima) ou 75.600 (centena mais próxima) ou mesmo 76.000 (milhar mais próximo).

Prefixos triviais*

Os seguintes "Padrões para Curiosidades Inconsequentes", de Philip A. Simpson apareceram pela primeira vez no jornal *NBS Standard* (janeiro de 1970). Use-os com cautela.

10^{-15} bismol	= 1 femto-bismol
10^{-12} boos	= 1 picoboo
1 boo^2	= um boo boo
10^{-18} boys	= 1 attoboy
10^{12} bulls	= 1 terabull
10^{1} cards	= 1 decacards
10^{-9} goats	= um nanogoat
2 gorics	= 1 paregoric
10^{-3} ink machines	= 1 millink machine
10^{9} los	= 1 gigalo
1^{-1} mate	= 1 decimate
10^{-2} mental	= 1 centimental
1^{-2} pedes	= 1 centipede
10^{6} phones	= 1 megaphone
10^{-6} phones	= 1 microphone
10^{12} pins	= 1 terapin

---

* Os resultados apresentam trocadilhos na língua inglesa. Alguns exemplos: 1) *picoboo/peekaboo*: interjeição usada por crianças pequenas nas brincadeiras em que escondem o rosto e depois o revelam de repente. Equivale a dizer "Achou!"; *peekaboo* é também um penteado com mechas coloridas; 2) Um *boo boo* é um "dodói", ou um erro, uma mancada; 3) *terabull/terrible*: um trilhão de búfalos correndo em sua direção certamente é algo terrível!; 4) *decacards/deck of cards*: um deck de cartas; 5) *gigalo/gigolo*: a pronúncia é praticamente a mesma; 6) *decimate* é o verbo "dizimar"; 7) *terrapin* é o nome genérico das tartaruguinhas da família *emydidae*, muito comuns na América do Norte como animal de estimação e na culinária. (N.T.)

Na mesa de jantar

Entediado? Você pode bocejar agora...
e depois experimentar estes enigmas.

Na vida cotidiana, bocejar é um sinal de tédio, fatiga ou sono. É mais comum nas horas que antecedem o sono ou logo depois dele.

Também é "contagioso": 55% das pessoas bocejam em até cinco minutos depois de ver alguém bocejar. Por sorte, a duração média de um bocejo é de apenas seis segundos.

Agora, voltemos à matemática. Platão (veja na página 26) disse: "A matemática é como o jogo de damas no quesito de adequação para os jovens; não é difícil demais, é divertida e não representa perigo para o Estado". Platão teria aprovado jogos matemáticos e enigmas na mesa de jantar.

Com as atividades seguintes você pode se entreter em silêncio durante seu jantar sem nenhum papel ou lápis e sem se colocar em qualquer situação de perigo próprio ou para o Estado (ou família) com quaisquer discussões sobre política do Estado (ou família). As atividades podem parecer simples, mas requerem pensamento lateral ou, como se diz, que você pense fora dos padrões.

Movendo copos

Seis copos são enfileirados. Os três primeiros estão vazios. Os três últimos estão cheios de água. (1) Você pode mover dois copos de cada vez, juntos, de modo que o polegar e o indicador peguem ambos. Em três movimentos, você pode arrumá-los de forma que os copos cheios e os vazios fiquem intercalados?
(2) Movendo apenas um copo, você pode arranjá-los de modo que os copos cheios e os vazios fiquem intercalados?

Bules de café

Estes dois bules de café têm a mesma largura, mas o bule da

esquerda é mais alto. Qual bule terá mais café?

Jarros d'água

Um jarro tem capacidade de 3 litros e o outro, de 5 litros. Você pode colocar 4 litros de água em um jarro?

Doze palitos

Doze palitos de dente são posicionados na mesa para formar quatro quadrados. Remova dois palitos e deixe apenas dois quadrados.

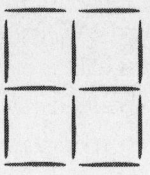

Quatro palitos e uma moeda

Quatro palitos e uma moeda são arranjados para representar uma azeitona em uma taça de vinho. Mova dois palitos (e não a moeda) de modo que você tenha uma taça de vinho parecida, porém sem a azeitona.

As respostas para estes enigmas podem ser encontradas na página 166.

Respostas dos enigmas

Página 25: Rima da Mamãe Ganso

Um ou nove, dependendo de como você o interpreta.

Página 96: Dez viajantes cansados com dor no pé

Existem apenas nove hóspedes. Um dos dois hóspedes inicialmente colocado no quarto A, digamos o "primeiro hóspede", é então transferido para o quarto I, sendo então tratado também como o "décimo hóspede".

Página 102: O enigma dos burros

Figura da *Cyclopedia of Puzzles*, de Sam Loyd (1914).

Página 103: A aranha e a mosca

A resposta é 40 pés. O diagrama do quarto desdobrado abaixo explica tudo (e usa um triângulo 3-4-5, veja na página 19).

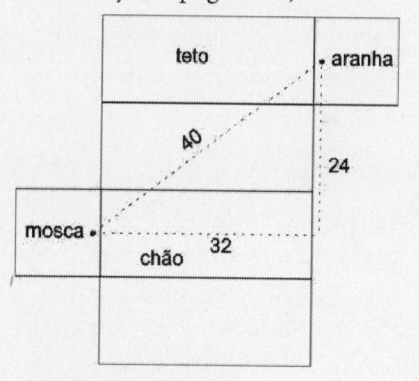

Página 130: Enigmas criptoaritméticos

```
  286
+286
-----
  572
```

```
 29786
+  850
+  850
-----
 31486
```

Outras soluções também são possíveis.

Página 163: Movendo copos

(1) Mova os copos 1 e 2 até o final da linha depois do copo 6, e então mova os copos 1 e 6 além do copo 2, preenchendo então o espaço com os copos 3 e 4.

(2) Deposite o conteúdo do copo 5 no copo 2.

Página 163: Bules de café

Ambos terão o mesmo volume de café, pois seus bicos estão no mesmo nível.

Página 164: Jarros d'água

Encha o jarro de três litros e derrame-os sobre o jarro de 5 litros. Encha o jarro de 3 litros novamente e derrame o máximo que puder no jarro de 5 litros. Você ficará com 1 litro no jarro de 3. Esvazie o jarro de 5 litros completamente na pia e então coloque nele 1 litro que estava no jarro de 3 litros. Encha o jarro de 3 litros novamente e deposite-os no jarro de 5 litros. Você tem agora 4 litros no jarro de 5.

Página 164: Doze palitos

Mova quaisquer dois palitos internos que se encontrem em ângulos retos. Você terá um quadrado menor dentro de um quadrado maior.

Página 164: Quatro palitos e uma moeda

Deslize para a direita o palito de dente que está na horizontal, de modo que seu centro toque o palito no topo e à direita. Agora, mova o palito no topo e à esquerda, colocando-o em baixo, à direita do palito horizontal, paralelo ao palito que está em baixo. Você terá um copo de vinho invertido com a azeitona fora dele.

Índice remissivo

Este livro foi composto com tipografia Minion Pro e impresso
em papel Off-White 70 g/m² na Formato Artes Gráficas.